U0057874

焦點解決短期諮商
應用手冊

鍾思嘉、黃蕊　著

作者簡介

鍾思嘉

　　一位台灣退休的教授，曾任政治大學心理系主任、理學院院長和教務長。目前為哈爾濱工程大學應用心理學研究所及黑龍江省高校心理健康教育教師培訓基地首席專家。四處應邀講學，致力於生涯第二春的自我實現。

黃蕊

　　一位冰城夏都哈爾濱生長的姑娘，畢業於黑龍江大學心理學系及哈爾濱工程大學應用心理學研究所，並取得心理諮詢師證。正準備考博士班，以從事心理諮商的學術和實務工作為志業。

序

　　近 30 年來，焦點解決短期諮商（Solution-Focused Brief Counseling，簡稱SFBC）日益受到重視，坊間關於焦點解決短期諮商的參考書籍也不少，這些書都各有其特色和優點。然而，根據筆者個人講授多年的經驗，總覺得缺少一本能讓學生很快地明白其理念，並且使用起來得心應手的實用書。這是撰寫本書的初衷，也是一種拋磚引玉的期望。初學者如能清楚地理解本書內容，之後再去閱讀其他一些相關的書籍，會更易掌握這些書所談的理論、研究或案例。

　　從事心理諮商工作多年，從未在教學課程和實務工作上自稱「治療」，而且一直堅持心理諮商應與心理治療有所不同。西方學界對二者的差異爭論也有很長的歷史，至今仍無法獲得一致的結論。個人認為，與其費時費力地去爭論而產生對立和衝突，何不站在如何有效幫助案主的立場上彼此相容與合作。事實上，在所有心理諮商的教科書裡，無論是所謂傳統的長期諮商或短期諮商，都採用以治療為名的學派理念和技術。因此，本書在內容裡儘量採用「諮商」或「心理諮商」之名來撰寫，除非必要才用到「心理治療」或「治療」一詞。

　　本書的內容跟過去撰寫的形式有很大不同，除了篇幅只有七萬五千多字，頗符合「焦點短期」的意義，還有一些特殊之處。例如第二章「初次晤談」有八節之多，因為焦點解決短期諮商非常重視初次的晤談，以期讀者能一氣呵成地了解初次晤談的精髓；有的章節內容則較簡要，如第四章「後續晤談」，不需重複贅述晤談的相似步驟和方法。如此安排

是站在「應用」的角度，刻意強調本書的實用精神。此外，本書也加入了其他一些具有特色的短期諮商的技術，如有意義的打斷話技術、I-D-E晤談焦點、全人發展觀等，這些內容使本書增色不少，也希望對讀者有更多的啟發和參考價值。

　　本書的問世要感謝與我合作的黃蕊老師，她是我指導的一位深具潛力的優秀學生。她除了和我分工撰寫本書的章節外，還在內容的討論、文句的修飾和表格的製作上，展現了聰慧和認真的特質。這是她的第一本專著，具有積極的行動意義，祝福她以此為學術發展的起點，開啟自己未來的美好前程。同時，要感謝哈爾濱工程大學人文社會科學院的金宏章院長，他提供的精神和物質鼓勵，給了我一個愉悅從事教學、研究和寫作的生涯第二春。最後，特別感謝心理出版社對本書出版的肯定和支持。

鍾思嘉

2013 年春於冰城夏都哈爾濱

目次 *Contents*

CHAPTER **1** 緒論

　　焦點解決短期諮商（Solution-Focused Brief Counseling，簡稱SFBC）是一種聚焦於問題解決的心理諮商技術，其核心是由案主選擇諮商的目標，並且肯定案主本身擁有改變的能力和資源。因此，焦點解決短期諮商強調幫助案主致力於尋找問題解決的方法，朝向既定的改變目標積極行動，並不關注問題的分析和探究。

　　從歷史發展而言，短期諮商和焦點解決諮商是不同的概念，雖然焦點解決諮商本質上是短期諮商的一種，而且二者之間也有許多相似或相通之處。

　　本書的首章介紹短期諮商的意義與內涵，整理焦點解決短期諮商的歷史發展，讓讀者先有一個脈絡清楚的基本概念。接著，簡要說明焦點解決短期諮商的理念基礎及諮商角色與關係，做為實際運用時的精神依據。最後，為了幫助初學者入門，特別提出對焦點解決短期諮商學習上的一些提醒。

第一節　意義與內涵

　　Brief Counseling 的中文譯名「短期諮商」，在現今學術和實務上雖然為大家普遍所接受，但是依照英文原意，應譯為「精簡諮商」較恰當。然而，由於「短期諮商」這譯名已十分通用，本書仍沿用此習慣使用的名稱。其實，西方學者對短期諮商的名稱也有不同的看法，例如 Budman 和 Gurman（1988）就認為無論使用精簡（brief）或短期（short-term）命名，都不如「時間敏感」（time-sensitive）、「時間效益」（time-effective）來得貼切。儘管如此，大多數的西方學者也都採取短期諮商的習慣用法。

一、興起的背景

　　從心理諮商和治療的發展歷史來看，事實上多數傳統學派都屬短期性質，即使被認為需要較長治療時間的精神分析療法，在早期也並非長期治療，就連創始人佛洛伊德（Freud）當年在治療時所用的時間，也只有幾週或幾個月，很少有超過一年的情形（Budman & Gurman, 1988）。然而，自 1930 年代起，後來的精神分析治療師基於案主的問題嚴重性、潛意識、自我防衛機制、人格障礙等各種理由，強調案主的問題需要多一些時間的治療，逐漸形成治療時間越來越長的風氣。

　　雖然早在 1930 年代就有學者提出短期諮商（Short-term Counseling）這個名詞，1940 年代也有學者提出縮短治療時間的觀點，但是短期諮商和治療一直到 1960 年代才開始受到重視。尤其從 1980 年代起，

相關的文章、書籍和研究有如雨後春筍般相繼問世。短期諮商和治療之所以如此興盛，與當時的時代背景和需求密不可分，大致可歸類為以下四個因素：

（一）社會的需求

隨著社會的繁榮進步，人們的物質生活越來越富足，心理問題卻愈發增多，求助於諮商和治療的人與日俱增。為了滿足社會大眾的需求（如減少案主等候時間、增加服務量等），企盼得到較短時間的諮商和治療的呼聲高漲。其次，越來越多的國家和地區通過立法將心理問題或精神疾病納入醫療保險，政府社會福利單位和保險公司為了考慮其支出成本，開始對諮商和治療的次數與時間有了嚴格的限制。這種來自社會成本的壓力，使得心理諮商和治療不得不考慮以較短時間來滿足時代的要求。

（二）案主的需要

從案主本身的情況觀之，即使社會福利機構、保險公司對諮商或治療的費用有一定的補助，但個人相對地也要支付一些必要的費用，如果諮商或治療次數太多、時間太長，對其個人和家庭也是一筆相當大的經濟負擔。而且，對於現代人而言，時間就是金錢，前來諮商或治療的時間有限，再加上前來諮商的往返路程時間和交通等花費，也是一筆不小的成本付出。因此，為了減輕客戶負擔和增加效益，標榜為短期的諮商或治療的機構和個人診所也應市場的需要而增加。

（三）危機事件處理的急迫性

當案主遭遇到生活中的危急事件，以致造成心靈上的創傷、情感上的打擊、生活上的困難、身體上的傷害等問題，甚至產生輕生的念頭、

自殺或傷害他人的企圖或行為，此時最需要的是諮商師能直接地幫助他們解決問題，如走出哀傷、紓解壓力、降低焦慮、釐清思考、重新掌控生活能力等。因此，諮商的目標是盡可能快速地幫助案主面對和處理危機，而短期諮商的理念和技術可謂實用有效。

（四）諮商風格的轉變

　　從 1950 年代人本心理學的興起，到本世紀初積極心理學的宣導，學者們紛紛投入對人類正向力量的探討和研究，致使心理學不再只是研究病態、缺陷和損傷的消極面，而是以更寬廣的視野看待人類的潛能、動機和能力。這種強調培育人類最好的正向力量，對現今諮商風格的影響很大，而短期諮商雖不能說是傳承這種精神，但至少是在這種氛圍中茁壯。同時，後現代心理學強調的建構論與短期諮商重視案主經驗的價值、對意義的解釋、諮商師和案主的合作互動關係等，也有不謀而合的呼應。

二、基本概念

　　相對於傳統的心理諮商學派，短期諮商是後現代心理諮商的一個潮流，它並非是一個學派，也沒有一個統一的理論和技術。因此，到底多短（次數多寡、時間長短）才算「短期」？學者的見解各有不同。不過，至少有一點是大多數人同意的觀點，以 Littrell（1998）為代表，他認為「短期」的意義在於：諮商師提供案主幫助，使他們盡可能快速地減輕不適和達到自己期望的狀態，而且鼓勵案主不再需要諮商師幫助仍能夠繼續過自己的生活。因此，短期之意不在其字面上的「短」，也不是由諮商次數或時間而定。換言之，諮商師儘量在最少諮商次數和最短時間內幫助案主有效的解決問題，並且儘快讓他們不再需要諮商。而且，案

主能將自己在諮商中所學的經驗與所得到的能力，運用到日後的生活中，面對並解決類似的問題，甚至是不同的問題，這才是諮商的真正效用。

　　學者們對於短期諮商的內涵雖說法不一，但基本上都是大同小異的觀點，本書不再一一贅述，有興趣者可參考其他一些短期諮商的書籍和文獻。以下主要參考 Littrell（1998）對短期諮商特質的定義，再綜合其他學者的觀點，簡要介紹短期諮商的概念：

（一）時間限制（time-limited）

　　短期諮商的學者們對於晤談的次數存在著一些不同的看法。有的學者認為 6-10 次的晤談是合理的範圍，有的學者則認為除非有必要，否則須在 6 次以內完成諮商，在美國甚至有治療機構規定他們的諮商師只能有一次的晤談。事實上，根據多數學者的看法，在 20 次以內都可以算是短期諮商。然而更重要的是，短期的真意並不僅是以晤談次數多寡、持續諮商的時間長短來界定，而是以在預期的有限諮商次數和時間內幫助案主有效地解決問題為基本精神。

（二）以解決為焦點（solution-focused）

　　案主之所以有問題乃是被自己僵化的想法或錯誤的知覺所困，然而事實上他們本身已具備解決問題、利用資源和改變現狀的能力。諮商師的角色是協助他們透過對過去成功經驗的覺察，來喚起案主對自己和問題的看法，也借此重建案主解決問題的信心。因此，短期諮商強調幫助案主如何解決問題和找到解決方法，不重視探究問題的本質和原因。

（三）以行動為基礎（action-based）

　　所謂「坐而言不如起而行」，諮商師如果只是幫助案主對自己的問

題有所覺察或領悟是不夠的，案主明知該如何解決卻沒有行動，如同「光說不練」的假把式。因此，短期諮商強調鼓勵並督促案主採取行動，即使產生一些小的改變（small change）也會讓案主不再沉溺在問題無法解決的沮喪中。換言之，只要案主開始進行改變的行動，新的經驗就會讓他們明白改變是可能的，而且帶給他們解決問題的希望和動力。

（四）社會互動（socially interactive）

　　每個人都生活在家人、朋友、同事和同儕的群體社會裡，而且與別人產生互動的關係和影響。諮商師以切合案主需求的原則下有效地利用這種社會資源，幫助案主在生活中去發現和獲得社會支持的資源。因此，短期諮商師在諮商過程中鼓勵和引導案主察覺自己的社會支持，以及學習如何尋找資源並獲得這些資源，進而在這些社會資源中檢視自己要改變的目標，並採取改變的行動以達成目標。

（五）以細節為導向（detailed-oriented）

　　為了幫助案主將陷入問題的混亂思緒拉回到真實世界裡，短期諮商師在諮商過程中會把晤談的重點放在具體的、特定的主題和細節上來探討，鼓勵案主分享他們生活中有效的資訊（如成功經驗、優點、專長等），而非關注無效的資訊（如失敗經驗、缺陷、弱點等）。諮商師不僅引導案主去看自己現在的生活和自己期望的改變，同時也會把案主擁有的資源分類加以利用，特別是幫助案主找到一些有用的資源和能力，讓他們從中經驗到自我的力量，將其運用到問題解決和改變行動中。

（六）引發幽默（humor-eliciting）

　　過去的諮商觀念常常認為問題帶來痛苦，而且這種痛苦在問題解決

過程中會持續存在。然而，短期諮商並不同意這個觀點，認為問題解決不一定非得是痛苦的，它可以是輕鬆愉快的過程。短期諮商認為幽默是撫慰傷痛的最佳良方，不僅有助於案主療傷，而且使他們對自己現在的改變充滿信心，樂觀地展望未來。許多案主面對問題時常有害怕或生氣的情緒反應（也許兩種都有），因此諮商師會適時地使用幽默的言語，喚起案主的共鳴、誘發案主的幽默感，使案主重新獲得擁抱生命的熱情（如愛、樂趣、滿足等正向情感）。

（七）發展性的關注（developmentally attentive）

短期諮商相信人類是一直不斷向上發展和前進的。案主之所以產生問題，經常是因為從一個發展階段轉換到下一個發展階段之際被某些事物卡住了，而諮商工作的任務之一，就是幫助案主在這轉換的時刻自然、平順地度過。諮商師在諮商的過程中一方面了解案主此時的身心發展現狀及需求，另一方面以案主發展的角度來看他的問題，找出解決方法。因為，關注案主的發展議題不僅需要幫助他們解決目前的問題，更重要的一點是使其能夠面對自己未來發展的挑戰。

（八）以關係為基礎（relationship-based）

短期諮商認同諮商師的溫暖、真誠、同理等態度是建立諮商關係的基礎，而且認為這些態度本來就是良好諮商關係的內在元素，而不是刻意表現於外的技術。更重要的是，這些元素必須與幫助案主改變的策略和技術有關，這才是成功諮商的必要條件，否則溫暖、真誠、同理等沒有實質的意義。同時，Littrell（1998）認為，結合前述七項特質所發展出的諮商策略和技術，才能真正地與案主建立並維持一個不斷增進的關係（facilitative relationship）。

第二節 歷史發展

焦點解決短期諮商是史提夫・笛夏德（Steve de Shazer）和妻子茵素・金・柏格（Insoo Kim Berg）以及同事於 1980 年代初，在美國威斯康辛州的密爾瓦基（Milwaukee）創立的短期家庭治療中心（Brief Family Therapy Center, BFTC）共同發展起來的。其基本主張是：以積極的、朝向未來的、朝向目標解決問題的正向觀點，來促使案主改變的發生，並避免局限於探求原因或問題取向的探討。笛夏德曾發表過不少稱之為短期治療、短期家庭治療的文章，也寫過《短期治療的解決之鑰》（*Keys to Solution in Brief Therapy*）一書，但很少自稱「焦點解決短期諮商（或治療）」，雖然它有一些與其他短期諮商或治療不同的特殊觀點和策略，但多數學者仍將其歸屬於短期諮商和治療領域的一支。

一、發展背景

關於焦點解決短期諮商的發展和理念，受到治療大師密爾頓・艾瑞克森（Milton Erickson）、加州心理治療機構和短期家庭治療中心的影響很大，簡要說明他們的背景和主要觀點如下：

（一）艾瑞克森的啟發

美國心理治療大師密爾頓・艾瑞克森是一位傳奇的人物，他從 1920 年代末執業到 1970 年代末。在當時，他的一些治療方法千變萬化且創新獨特，卻能花很短的時間治癒他的案主。他的系統性論述雖不多，但對催眠治療、家庭治療、短期治療、策略治療等領域卻影響深遠。由於他

不太解釋自己的治療觀點和方法，也少有著作或文章發表，因而其治療理念不太被一般人所理解，之後經由一些跟隨他學習的弟子解讀並整理才漸為人所知。艾瑞克森的理念影響焦點解決短期諮商的主要觀點有：

1. **積極的改變**：對案主的改變而言，以精神病理的觀點來解釋毫無意義，因為追究案主問題的根源，對其改變毫無幫助。因此，與其探討案主為何陷入困境，不如引導案主如何走出困境。即使案主被其他治療師診斷為「精神病症」的問題，艾瑞克森則認為是案主的一種個人「心理機制」，可加以利用而轉為治癒的能力。換言之，如果以積極的觀點看待「負債」，它可轉為改變的「資產」。

2. **尊重案主的能力**：治療師要仰賴案主提供的資訊和資源，相信案主有意願和能力做出改變。因此，只要給案主機會，他們就能做到改變。同時，對於案主的問題，不要先入為主地假設他需要長時間的治療，而是相信案主的改變在短時間內也能達到好的治療效果。

3. **充分利用案主資源**：案主所呈現的全部資訊都是資源，包括個人的內在資源（如優點、特質、能力等）及外在資源（如人際網路、社會支援、成功經驗等）。即使乍看起來可能是如雜草般無用或無意義的內容（如抗拒改變、強迫行為、僵化的信念等），倘若認真考慮並積極利用，都可能成為組成問題解決方法的元素。而治療師的工作就是幫助案主找到有用的資源和做出必要的改變，並運用在適當的生活情境中。

4. **對治療效果抱持正向的預期**：治療師對治療的效果保持樂觀的心態，才能積極的幫助案主找到解決方法，而非在看不到案主進步

時，就消極的宣判案主「無法治癒」。治療師抱持這樣的正向預期的態度，不僅讓自己更有信心和盡力幫助案主，而且對達成治療效果有很大的幫助。

（二）加州心理研究機構的傳承

1958 年，艾瑞克森的學生唐・傑克森（Don Jackson）在美國加州的帕拉奧圖（Palo Alto）創設心理研究機構（Mental Research Institute，簡稱 MRI），當時艾瑞克森的其他學生，後被稱為策略治療（Strategic Therapy）的一些知名學者，如約翰・威克蘭（John Weakland）、傑伊・海利（Jay Haley）、威廉・弗萊（William Fry）、保羅・華茲勒維克（Paul Watzlawick）等人都是這機構的成員。從 1966 年起，MRI 開始進行一項短期治療的計畫，他們將治療時間限制在 10 次晤談內來促成案主改變，得到很好的成效。這些策略治療的學者們的理念，影響後來焦點解決短期諮商的主要觀點有：

1. **以現在的問題為導向：**設法幫助案主解決當前問題是治療工作的最高原則，而不會深入了解或細細探究案主的童年經驗、性格形成或家庭結構等，因為這些「過去」很難改變，對現在的問題解決也很少有幫助。因此，促使案主對造成自己現在的問題採取一些改變的方法才是重點，而不僅限於對自己的問題有所察覺或洞察，因為認識問題的原因和解決方法之間未必有關聯。

2. **案主改變是可能的：**引導案主察覺自己的改變，即使是很小的改變。看重案主小改變的價值，並促進這種小改變的發生與持續。藉由提出賦予案主積極的想法和行為的目標，來強化案主已有的成功經驗（無論它多麼微小）。當幫助案主意識到要面對自己的

問題時，他們擁有比想像中要大得多的控制力，改變是可能快速
發生的。

3. **困擾通常來自人際互動的結果**：案主的多數問題是在他與別人互
動中產生的，這是人際之間相處自然會有的困擾。案主的問題產
生不是由於個人內在的性格缺陷或心理疾病所致。因此，無須刻
意探究問題背後的病理或問題根源，只要專注在案主尋求諮商的
特定抱怨或困擾，進而從人際關係的角度幫助案主解決問題。

4. **不當的解決方法是問題的關鍵**：案主的問題本身並不是其困擾的
根本來源，而是解決問題的方法不當所導致。而案主無效的解決
方式造成更多或更大的問題，然後他們又重複使用無效的解決方
法，如此循環地產生極大的自我挫敗結果。因此，諮商師在面對
案主的問題時，應考慮問題的複雜性及特殊性，幫助他們發展多
樣且有彈性的解決方法，而且相信他們有能力、有責任發展出適
宜的解決方法、克服困境，不致因為解決方法而產生更大的問題。

（三）短期家庭治療中心的開展

　　1980 年代初期，笛夏德創立短期家庭治療中心（BFTC）時，最初也
希望運用 MRI 的經驗成為「美國中西部的 MRI」，然而經過實際工作的
討論、觀察和研究，開始將治療的重心從問題導向轉為解決導向，逐漸
奠定成熟的「焦點解決短期治療」。不可否認的，其中一些治療的理念
和方法深受艾瑞克森和 MRI 學者的影響，甚至可說是傳承二者的一些理
念。然而，笛夏德和短期家庭治療中心的同事們經過幾年的實務經驗、
研究和探討後，發展出一套在自己機構非常有效的焦點解決短期治療模
式，本書以下各章節將做詳細介紹。

第三節　理念基礎

　　不少從事心理諮商的實務工作者不喜歡理論性的東西，然而缺乏理論支撐的實務極容易陷入漫無章法的亂局，並可能導致諮商失敗的結果。因為，理論與實務的關係就像航行的舵和槳一樣，沒有舵指引的槳，再努力划也是徒勞無功。因此，本節簡要地介紹焦點解決短期諮商的核心哲學和主要理念，幫助有興趣學習此諮商技術的諮商師能有一個初始的理論基礎。有志於提升自己這方面專業水準者，可以本書為學習的入門，而後閱讀其他一些相關的專業書籍（如本書最後的參考書目所列），將更能理解和掌握其進階內容。

一、核心哲學

　　焦點解決短期諮商的核心哲學是，將關注的焦點放在案主的問題解決上，而不在問題本身。換言之，其出發點不是直擊問題，而是尋找解決之道。相較之下，傳統的諮商師在諮商過程中會花時間與案主探討問題的本質，例如詢問案主關於問題形成的原因、問題的發展歷史、案主的成長經驗等，因此他們的諮商往往需要較長的時間，去了解案主各種可能與問題有關的資訊；即使獲得的資訊大多與案主的問題解決的關聯性很小。如此，不僅對案主走出問題困境毫無幫助，而且容易讓案主陷在消極、負面的情緒漩渦裡。

　　當然，這並非意味焦點解決短期諮商不需了解案主問題，而是在晤談的初期，會花一點時間與案主簡要地探討一些與問題相關的訊息後，

即很快地進入問題解決的階段，因為諮商師心中所秉持的信念是「如何」（how）幫助案主解決問題，至於問題是「什麼」（what）則屬於次要或不重要的訊息。

二、主要理念

在上述核心哲學的基礎上，焦點解決短期諮商發展出一些重要的諮商理念，而且強調在晤談中必須結合這些理念，並融會貫通地運用。根據多數學者的共識，整理七點主要理念如下。

（一）健康的觀點

焦點解決短期諮商堅信案主之所以會有困擾或問題，並非他們生病了或有缺陷，而是他們所使用解決問題的方法不當，也就是說真正的問題是他們無效的解決方法。因此，焦點解決短期諮商不相信病理學的診斷症狀和病因，認為分析症狀和探討根源無助於案主解決他們的困難；因為給案主貼上人格障礙或精神官能症的標籤，反而創造了一個更複雜的問題，使得問題更加持續和難解。

相對地，重視案主的優點和長處，也相信案主有發現目標和解決問題的能力；同時，鼓勵和協助案主去尋找和創造自己的資源，尤其是重新發現自己沒有察覺到的資源。這與後現代的積極心理學觀點不謀而合，即是相信人類本身就具有健康的自我力量（self-strength），也唯有如此，諮商師才能幫助案主在這一基礎上來解決問題。

（二）正確的聚焦

焦點解決短期諮商以一句西方的諺語：「沒有壞的，不需要修」（If it is not broken, don't fix it.），來形容諮商師應排除一些無關案主困擾

的議題，把諮商的重點放在幫助案主的問題解決上，而非節外生枝地把問題搞得更複雜（蔡翊楦、陳素惠、張曉佩、王昭琪、許維素譯，2006）。因此，案主的問題雖然受到過去的影響，但是未影響其大部分的生活功能，那只需要解決問題的「修補」，不需要人格結構的「重建」或成長經驗的「改造」。

事實上，如果諮商師與案主一而再地探討他們過去挫敗的經驗，對他們而言又是再一次挫敗的經驗。而且，有的問題即使發現原因也無助於問題解決，更何況有的問題根本找不到真正的原因。所以，與其注意案主「過去」無法改變的事實，諮商師不如關注案主「現在」的問題解決和「未來」的改變發展，藉此增強案主解決問題的信心和能力，進而培養案主日後在沒有諮商師幫助的情況下，對自己的生活仍有樂觀的展望和積極的作為。

（三）積極的行動

焦點解決短期諮商重視案主積極改變的期望和行動，諮商師經由鼓勵案主發展在不久的將來可以實現的「願景」（vision），並且根據願景來設定階段性的具體目標，鼓勵他們採取積極的行動一步步地去完成。與此同時，引導案主發現自己過去經驗中一些有用的解決方法，而且是有效的方法多做，無效的方法就不再做了。進一步而言，有時為了幫助案主跳離問題的困境，鼓勵他們做一些不一樣的事（do something different），而不是讓自己陷在其中而徬徨徘徊、停滯不前。

因此，焦點解決短期諮商非常重視給予案主家庭作業（homework）的指導。諮商師不僅與案主一起討論具體的行動計畫，並且督促他們在實際的生活情境中去執行計畫，一步步地達成改變的目標。關於家庭作

業的詳細介紹，請參見第二章第六節。

（四）改變的意義

　　焦點解決短期諮商深信案主的改變是必然的，而且可以很快發生。然而，由於大多數案主的問題都是日積月累而成的，所謂「冰凍三尺非一日之寒」，如果奢望一下子解決問題或有大的改變幾乎是不可能的事。因此，焦點解決短期諮商重視諮商師如何引導案主看到小改變（small change）的存在和價值，進而幫助案主從一個小改變開始，帶動另一個小改變，且有如漣漪效應（ripple effect）般地產生一連串的改變，之後累積成大改變，終使問題獲得解決。

　　通常，案主的改變不是一個直線前進或上升的過程，它可能像一條上下起伏不定的曲線，可能像一條左右擺盪的弧線，還可能像一條忽快忽慢、走兩步退一步的迂迴線。因此，諮商師必須接納案主這些改變的路線，畢竟人的改變不太容易，更非一蹴可幾。此時，尤其需要諮商師幫助案主在改變過程中，創造一些小改變的成功經驗，累積成大改變的自信和能力，最終實現他們的願景。

（五）系統變化的效應

　　焦點解決短期諮商認為個人內在世界和身處的社會環境有如一個整體的系統，系統的每個部分都是息息相關的。正如O'Hanlon和Weiner-Davis（2003）認為改變具有傳染力的特質，系統中的某部分發生改變，將會導致系統中其他部分發生相應的變化，甚至整個系統也會隨之發生改變（李淑珺譯，2009）。因此，案主的行為改變會帶動他們的認知或情感改變（反之亦然），案主的自我改變也會引發他人察覺、受影響和改變。

這種改變有如艾瑞克森所說的「雪球效應」（snowball effect），起初的小改變有如小雪球從高處滾下山坡，不斷地形成越來越大的雪球，最後產生巨大的改變。為了達到這種「牽一髮而動全身」的效果，諮商師要幫助案主找到能力所及和簡單易行的著力點，開始做持續的小改變行動，自然啟動個人或社會系統內的其他改變，逐漸形成整個情況的改變。

（六）萬能鑰匙的運用

正如鑰匙和鎖的關係一樣，笛夏德（de Shazer, 1985）形容問題的解決有如拿對鑰匙（解決方法）開門，不需要懂得鎖的原理（問題本質）也能開門。因此，他提出一個「萬能鑰匙」（skeleton key）的觀點，認為諮商師無須清楚了解案主問題的本質，應該把諮商的重心放在幫助案主從自己的資源中發現和找到所有可能的解決方法。而且解決的方法有許多種，並非需要某把特定的鑰匙才能開某個特定的鎖。換言之，任何適當有效的解決方法都是一把能開鎖的好鑰匙。而且，複雜的問題不一定要用複雜的方法才能解決，一些簡單有效的方法反而能夠產生「四兩撥千金」的效果。

焦點解決短期諮商所宣導的萬能鑰匙精神，十分重視案主的創造能力和已擁有的資源。因此，諮商師不需要花太多精力告訴案主做什麼事或教導任何新的解決方法，他們便能開始自我改變，並且形成上述漣漪效應的改變或系統變化的效應。

（七）抗拒的解釋

焦點解決短期諮商指出當諮商師覺得諮商未獲進展或案主沒有完成約定的事，即認為案主不合作或有抗拒心理，這是一個不合理的推卸之

詞。因為，所謂案主的抗拒有其原因，如諮商師問句的時機不當、案主不善於表達，或者是案主的個性或需求使然，這也正是他們前來求助的目的或原因。

　　事實上，有些學者甚至認為抗拒是諮商師出於掩飾自己的無能為力或無計可施等原因，將諮商不順利或失敗的責任推到案主身上，如此錯誤的歸因反而喪失了許多可以幫助案主的機會。事實上，沒有充足的證據支持抗拒這個概念，如果諮商師相信案主會有抗拒情形，就會專注於尋找類似抗拒的東西，而且一定會不少。笛夏德（de Shazer, 1985）則認為根本沒有案主抗拒這回事，如果有的話，僅僅代表他需要獨特的合作方式，責任不在案主，因此若諮商師能與案主建立合作的關係，促進良好的溝通才是消弭抗拒的上策。

第四節　諮商角色與關係

　　存在主義治療大師亞隆（Irvin David Yalom）曾說：「沒有任何東西能夠凌駕於我與案主間的關係維持之上。」心理諮商以諮商關係的建立為開端，可以說它是心理諮商的基礎，並貫穿整個諮商過程。綜觀心理諮商與治療的發展歷程，各學派對諮商關係都予以不同程度的關注。本節將從焦點解決短期諮商的視角，探討諮商師與案主的角色及二者間的關係。

一、誰是專家？

　　傳統的諮商理論把諮商師視為助人的專家，把案主看做需要幫助的

失功能個體，因此諮商師在諮商過程中進行評估或診斷案主的行為，並以此設定諮商目標和解決案主的問題。而在焦點解決短期諮商來看，諮商師和案主都要積極地思考一個問題：「誰是案主問題的專家？」

這答案無庸置疑，因為誰對案主的問題最清楚？當然是案主本身，所以諮商師不是案主問題的專家。既然案主是他自己問題的專家，那諮商師的角色是什麼？焦點解決短期諮商認為，在諮商過程中案主和諮商師二人都是專家，案主是他自己問題的專家，諮商師是協助案主解決問題的專家。因此，諮商師在諮商過程中並不是唯一的專家，這理念頗符合人本主義學派強調諮商師不要把案主的問題攬在自己身上，而是幫助案主自己去發現問題、解決問題。

二、案主是自己問題的專家

身為諮商師有必要認清一點，即諮商師永遠不可能完全清楚案主的問題。這不僅是因為案主往往經過主觀詮釋來講述自己的問題，並且將大量的情緒或情感因素摻雜其中，諮商師也是根據自己的個人背景和理論框架來接收和理解案主的敘述。一位持特定觀點的諮商師會把所有案主的問題都看得很相似，這往往使他對於問題的認知與案主真實的情況產生很大差距。因此，諮商師必須放下自己看問題的視框，尊重和接納案主才是他自己問題的專家。不僅如此，其實很多案主在諮商之前就已經嘗試過一些解決問題的方法，甚至已經有了一些改變。因此，解決問題的方法也不在諮商師身上，而是在案主的身上。因為案主原本應對問題的策略和方法，就已展現出他們擁有的資源和能力，同時也蘊藏著他們改變發生的動力。

三、諮商師是問題解決的專家

　　既然案主是自己問題的專家，那麼諮商師在諮商過程中所扮演的角色，應是運用專業能力幫助案主解決問題的專家。心理諮商的專業知識為諮商師提供了可操作的指導原則和方法，幫助案主釐清不同事件之間的相互關係及意義，促使案主對事件易忽略的細節予以必要的關注。諮商的過程不是諮商師在憑空「製造」改變，而是創造性地運用專業技術，引導案主運用自己的能力和資源，發現改變的線索，促使改變持續發生的過程。因此，諮商師可以提供案主一些問題解決的建議，但最終的改變決定權在案主手裡。

　　簡而言之，焦點解決短期諮商強調諮商師與案主都是專家，案主是自己問題的專家，擁有解決自身問題所需的能力；而諮商師是解決問題過程的專家，幫助案主運用自己的能力做改變。因此，諮商師是「順應」改變，而非「製造」改變。

四、良好的工作同盟

　　案主與諮商師的關係，整體而言是一種合作互動的關係。諮商的目標由案主主導，諮商師負責協助他來實現它，而案主依據諮商師的引導對改變做出自己的貢獻。因此，在這樣的諮商過程中，諮商師應致力於建立良好的工作同盟關係，創造一種促使案主發現自己能力與優勢的氛圍，進而與案主通力合作，建構一個問題解決的情境，探討各種解決問題的方法。

　　具體而言，諮商師首先要傾聽案主的故事，配合案主的感情和聲調，同理和接納案主。在對話中嘗試以案主的視角，使用案主的語言，特別

是那些能夠反應案主對其困境、問題產生獨特思考與情感的關鍵字。在慢慢進入案主的世界，讓案主感覺自己被理解之後，諮商師再做積極的行動引導。

其次，諮商師要對案主有信心。許多案主總是抱怨問題有多麼令人困擾，自己有多麼無能為力，他們在這樣的抱怨中形成對自己的負向評價，由此類推到其他生活事件上。對此，諮商師要堅信案主不僅有改變的可能，更有改變的力量。因此，諮商師要給案主機會去發現改變的線索，而非一昧地告知他們什麼是對的，什麼是錯的，或者應該如何如何。案主有他自己面對問題的方法，只不過與諮商師的方法不同。

此外，在焦點解決短期諮商中，案主與諮商師彼此的回饋亦十分重要。諮商本身即是諮商師與案主循環互動的過程，其中一方的回應，可以帶動另一方的反應，或者可能促發對方開啟某一新的話題，由此產生新的意義與行動。諮商師在應對案主的不同反應時，最基本的原則便是諮商師要考慮案主的節奏和步調，按照案主的反應模式行事，這為最大程度上促進案主的合作提供了很好的基礎。當然，這並不意謂著案主的反應模式會決定諮商師的反應。作為專業的諮商師，促成合作是毋庸置疑的責任，諮商師要主動地表現出自己的合作，並積極發現案主的合作行為。也就是說，諮商師要主動去適應案主，而不是讓案主來適應諮商師既定的諮商計畫。

案主尋求幫助時，通常對自己的問題沒有明確的認識與清楚的分類，也沒有把自己貼上某類問題的標籤，他們帶來的更多是對這個問題的感受與困擾。此時，諮商師需要做的就是對問題的重新定義，也就是對問題的建構。後現代的心理治療強調個人積極能力的思考和學習，揚棄病理模式的分析；強調系統模式的影響力，讓案主知道自己問題產生的背

景。案主的問題並非是獨立的客觀事實，而是透過與案主的交談中逐漸呈現出來。在這個建構的過程中，不評價案主對真實詮釋的主觀性及公平性，不將「真理」和「客觀性」強加在案主的身上。

需要注意的是，案主尋求諮商師幫助，對他們而言等於承認自己無力解決問題。雖然他可能曾試圖解決，但是無效或失敗。一個問題的存在，不見得只呈現病態或弱點，有時也存在積極功能，因為決定人們行為的常常不是事物本身，而是對此一事物的看法。換言之，問題本身不是問題，解決問題的方法不當才是導致問題的關鍵。所以在諮商目標的建構過程中，諮商師需要協助案主致力於有效解決問題的方法。

在諮商過程中，案主和諮商師一直處於積極的互動關係，諮商師藉由傾聽進入案主世界了解他的問題，並積極地進行問題澄清和問題解決的引導，促使案主做進一步改變，協助案主搜尋新的意義，產生新的想法與行為。因此，在晤談中間，案主是了解問題「本質」的專家，諮商師是解決問題「過程」的專家。

從生命意義觀點來看，諮商師是與案主改變其生命故事的共同作者。案主負責自己生命劇本的主筆，諮商師是實現這改變的編輯，經由兩人真誠合作來創造案主未來生命的新篇章。

第五節　學習的起點

許多焦點解決短期諮商的初學者在接觸其理念和方法時，感到自己的某些專業信念受到不小的衝擊，這是很正常的情形，因為它與過去在諮商專業教育中所學的大相逕庭。因此在開始學習的出發點，有三點重

要的提醒必須強調，可做為學習過程和未來應用時的座右銘。

一、接受新的挑戰

　　焦點解決短期諮商給初學者帶來一種前所未有的挑戰，有些從事實務工作多年的諮商師甚至認為是一種思想的顛覆。因為，認同和接受焦點解決短期諮商不僅等於懷疑自己過去所學，甚至可能否定了自己過去所做的諮商。因此，如果決定要學習焦點解決短期諮商，就必須能忍受這種轉變和更新所帶來的陣痛，而且要心悅誠服地學習，否則就不要接受這個新的學習挑戰，畢竟焦點解決短期諮商不是唯一的諮商技術，其他的諮商理論和技術都有其優點和功效。此外，在作者的教學經驗中，有些學生後悔沒有早一點學習焦點解決短期諮商，或抱怨為何之前要學習這麼多傳統的心理諮商和治療學派，只要學習焦點解決短期諮商就夠了。殊不知，傳統的心理諮商理論和技術是專業教育的重要基礎，也是學習焦點解決短期諮商前的必經之道，何況某些學派本身就是短期諮商的性質。此外，如同學習傳統的心理諮商和治療學派一樣，學習焦點解決短期諮商也應有正確的學習態度和過程。曾有學生提出一個疑問：「諮商有這麼多的學派，哪個是最好的？我該選擇哪個才最適合？」作者的回應是：「且先不問何者最好或最適合，先深入認識和了解這些學派的理論和技術，而後用以下的判斷標準選擇自己所信服和應用的學派：何者的人性觀最接近自己的信念、何者的諮商概念符合自己的主張、何者的技術是自己能熟練應用的等等，何況讓自己信服的理論和技術可能不只一個學派而已。」因此，學習焦點解決短期諮商就先從認識和了解開始吧！

二、減少不必要的困惑

　　有些學者認為，案主累積許久或嚴重的問題是不可能用焦點解決短期諮商迅速加以解決的，甚至譏諷焦點解決短期諮商有如品質不好的「強力膠」，黏合快、脫落的也快。他們批評的理由不外乎：使用焦點解決短期諮商，可能在諮商過程中容易遺漏或忽略案主的問題關鍵或重要訊息、無法涉及案主深層的心理問題、只是「治標不治本」的表面技術、案主複雜的問題沒有簡單的答案等。這些批評可能有其本位主義心態，也有不少的誤解。雖然有些學者認為焦點解決短期諮商可以解決案主嚴重和複雜的問題，然而焦點解決短期諮商並不企圖幫助所有問題類型的案主，也不能解決所有案主的問題，因為沒有任何一種諮商方法是萬靈丹，也沒有任何一個諮商技術對每一個案主都有效。根據許多的事實證明，多數的案主只想儘快找到解決他們當前問題的有效方法，不需要多加追究問題的原因或深層的人格結構，何況即使知道原因對問題解決也無濟於事，或者有時原因可能永遠不得而知（見第二章的介紹及案例）。因此，運用焦點解決短期諮商必須去除或化解這種擔憂和疑慮，並且相信以明快、有效的方法能夠幫助案主朝向積極的目標而加速改變。

三、堅持既定軌道

　　諮商師既然決定採用焦點解決短期諮商，就必須堅持其理念和使用其方法，並且一以貫之。特別要留意的是，有時案主的一些言行，可能觸動諮商師過去學習傳統諮商理論的按鈕，使諮商偏離既定的架構而被打回到舊有的模式，例如：當案主似乎一直被「過去」的事纏住、堅持「必須」要說的故事、出現喃喃自語的「自由聯想」（精神分析所謂的

自發性敘述）等情況時，很容易使諮商師轉回到原先的諮商理念和技術。如果諮商師偏離既定的焦點解決短期諮商軌道，可能會使之前所做的諮商前功盡棄。為了避免這種結果，Littrell（1998）建議諮商師必須採取「理論性的裝聾」（theoretically deaf），不讓自己倒回過去所用的舊理論模式，必須對上述案主的言行不做反應。如果擔心忽視會遺漏重要的訊息，可以在案主第一次出現這類言行時做出理解的反應，並判斷其是否有價值；如果案主堅決地拒絕短期諮商或其問題確實需要有較長的諮商，基於專業的倫理應有責任轉介給做長期諮商的同行。

CHAPTER 2 初次晤談

　　焦點解決短期諮商非常重視第一次的晤談，而且把每一次晤談都看做是唯一的一次。因此，焦點解決短期諮商會充分地利用初次晤談的時間，幫助案主儘快設定目標，並找到解決方法進而採取解決行動。這並非意謂著焦點解決短期諮商只做一次晤談，不做第二次及之後的晤談。事實上，這種「一次諮商」的精神不僅使諮商師致力於幫助案主解決問題，而且讓案主在每一次晤談都有所得。根據笛夏德和同事們在短期家庭治療中心的經驗，確實有不少案例是只有一次晤談，因為諮商的功效在初次晤談已完全體現。此時，如果你像不少初學者一樣在心裡響起：「為什麼會這樣？」的疑問，不妨靜下心細細地品味本章的內容，相信可以得到一個滿意的答案。

第一節　晤談的開始

　　焦點解決短期諮商非常重視有限時間內的晤談效率，因此對晤談之初的開場寒暄、分辨真正的案主和利用晤談前的訊息等方面的諮商技巧格外重視，其目的一方面是為了與案主建立良好的諮商關係，另一方面也利於諮商迅速、有效地展開，下面分別介紹這些技巧。

一、開場寒暄

　　有些案主因對諮商或諮商師的陌生而感到坐立不安，或對自己的問題難以啟齒，為了化解這種尷尬境遇，一個打開話匣子的好法子就是晤談的頭幾分鐘，與案主聊聊、話話家常。如果諮商師一開始就直接問：「你來找我的目的是什麼」，或是：「你需要什麼樣的幫助？」類似的開場語有時可能顯得有些唐突和急躁。因此，不要急著談問題或詢問其目的。「開場寒暄」不僅表達諮商師的親和與關心，更為之後的諮商關係奠定一個好的起點。當然，有些案主若為舊識或可直接說出自己的問題和目的，開場的寒暄則可省略或減少相應話題。

　　寒暄的話題不外乎居住地、家人、喜好、工作、天氣、交通等，可依諮商師的習慣或喜好而定。有時，對案主的初步印象給予讚美和肯定也是一種很好的方式（切忌過度或勉強為之），例如：「你很真誠」、「看得出你很有才華」、「我很欣賞你來這兒的勇氣」等。案主的反應可能是接受肯定或難為情的反應，如「嗯」、「還好」、「其實，我有點擔心別人怎麼看我」等。案主也可能是無所謂或負面的反應，如「這沒什麼」、「別人不這樣認為」、「其實，我並不想來」等。案主的反應如是前者，可以再多聊一點。但如是後者，不必在意其反應，但應轉移話題。

　　當談起自己的問題時，不少案主對問題的發生和結果有過度的焦慮、擔憂或害怕等負面情緒，可能會說：「我的問題是不是很嚴重？」、「我覺得自己沒救了！」、「別人認為我有病！」之類的話。此時，諮商師如果回應：「嗯」或點頭，雖是表達接納和理解，卻可能讓案主誤會諮商師同意他所說的，對問題的解決更感到無望。因此，面對案主此類的

問題，諮商師適時地運用常態化（normalize，或稱一般化）的技巧來回應很重要，例如：「你這個問題，根據我的經驗都能得到有效的解決」、「我感覺到這問題困擾你很久，使你心情很不好」、「根據統計資料，80％以上的人都能在得到幫助後過得很好」等。當案主接收到這種常態化的訊息，產生一種「我並不孤獨」的認知時，不僅會使他們的焦慮情緒得以減輕，而且讓他們對問題的解決產生信心：「我的問題可以解決啊」、「沒那麼嚴重」、「別人都好了，我也有機會」等。

　　有時，常態化的技巧常被人誤解，以為是安慰案主之詞，如：「在我的經驗裡，這是小問題」、「放寬心，這不是什麼大事」、「我見過的比這嚴重得多」等刻意淡化或漠視的態度和言語，不僅使案主覺得不受尊重、未被理解，而且對諮商師也將產生不信任，甚至抗拒合作。也許在諮商師的眼中，案主的問題是司空見慣或沒什麼大不了的小事，但對案主而言則是嚴重的大事，因為他們身陷其中而深受切膚之痛。因此，諮商師應尊重和接納案主的感受，並以正確的常態化技巧幫助他們提升解決問題的信心。

二、分辨真正的案主

　　焦點解決短期諮商主張，初次晤談時諮商師應先釐清誰是案主，並設法使一些原先並非有心求助的人轉變為真正的案主，這將有助於發展有效的諮商關係。因為，前來晤談者的個性、動機和心理準備各有不同，表現出的態度和行為也有差異。一般而言，前來諮商機構的人大致可分為消費者（customers）、抱怨者（complainants）、訪客（visitors）等三類（de Shazer, 1988）。這些類型的特性並非有清楚的界線，三者之間可能有重疊之處，也會隨一些情況而有所轉變。以下分別介紹這三

種類型。

（一）消費者

　　這類型的人就像到商店購物的顧客，他們心中已有買某個或某些特定東西的主意，而且希望儘快完成購得自己理想之物。因此，他們前來諮商是真心的，希望諮商師協助儘快地解決問題，並能實現自己的願景。在各類型中，此類人的求助動機最強，諮商師只要引發和滿足他們的「消費心理」，他們會樂意如同挑選物品般地主動探索、詢問、思考和做決定，也會積極地採取行動，並願對自己的行為負責任。這類真心求助的消費者也正是焦點解決短期諮商的對象，關於對他們諮商的具體步驟、策略和方法，將在本書後面的各章節中詳細介紹。

（二）抱怨者

　　這類型的人就像翻東翻西、挑剔再三的顧客，他們是進入了商店裡，但要他們感到滿意而掏錢很不容易。他們總是在諮商師面前責怪別人和抱怨自己所受的種種委屈，或是外界事物的不公和自己所受的大小傷害。他們不認為自己有問題，而是他人或環境有問題、需要改變，卻從未察覺到自己可以或能做些什麼來改變問題現狀，例如父母憂慮孩子的蹺課、老師氣憤學生的不聽話、妻子埋怨丈夫的酗酒等。在各類型中，此類人的求助動機屬於中等，諮商師需先澄清他們期待的真實性，進而將他們的抱怨轉化為積極的目標和自我改變的方向。

　　有時有些案主的抱怨，在諮商師看來只是生活中一些微不足道的小事；反而諮商師認為值得重視的事實，案主卻不抱怨。之所以有這種本末倒置的情形，是因為事實可能已被他們的抱怨情緒所掩蓋。儘管如此，諮商師可以不認同但要接納，只要案主稱其為「問題」，那就是「問

題」。至於諮商師重視的事情，不必急於強調或深入挖掘，可在後續的晤談中尋找適當機會引導案主去探索和思考。

有些案主抱怨的事情正是他們的問題，他們經常會描述嘗試過的所有無效解決問題的方法，例如不成功的減肥、無法避免的人際衝突等。如果沒有方法產生案主想得到的效果，他們會持續不斷地抱怨，因為找不到不同的事情來做。有些抱怨者的行為是一種習慣性地怨天尤人，只要找個人吐一吐苦水，心裡就覺得舒服多了，原因可能是成長中的性格養成、生活中的經驗等所造成。

焦點解決短期諮商認為，不管案主的問題有多麼痛苦或糟糕，案主的問題只要有任何有效的解決方法，就不能稱其為問題。因此，諮商師沒有必要知道太多抱怨的內容和細節，主要的是引導他去思考「希望情況有何改變」，鼓勵案主以較明確的態度去澄清自己的期待，並且思考「情況改變時」的可能感覺和作為。一旦他們開始尋找著力點，抱怨就可能停止。因此，當案主抱怨的時候，可以運用如：「你希望我給你什麼樣的幫助？」、「如果問題解決，你的感覺會是什麼？」、「如果問題解決，你做了什麼？」等問題來引導他們轉向問題解決的思考。諮商師的責任就是要將案主對問題的抱怨，轉移到解決問題及未來願景的話題。所以不管案主是虛幻的期待，還是不斷的抱怨，諮商師只要幫助他們朝向具體目標和有效解決的積極之路前進，他們就能成為一個真正的消費者。

（三）訪客

這類型的人就像是被別人拖著來買自己不喜歡東西的顧客，他們來諮商是因為被他人強迫而來。這類非自願者的求助動機最低，內心有防

衛或抗拒，晤談初期更需要有一些「破冰」般的技巧來融解他們的冷漠。例如，作者曾經諮商一位被妻子強迫而來的男士，他在開口時說了一句：「我老婆說我要是不來，她就跟我離婚！」之後，就閉嘴不說任何話，擺出一副有敵意的神情。作者試著打開僵局：「有沒有人說你長得很帥？」只見他嘴角稍揚一下但沒說話。接著，試著肯定他：「你願意開車從那麼遠的地方來，很不容易。」他一聽就很生氣地說：「不是告訴過你，不是我自己要來的！」繼續破冰：「看樣子你很不情願來這裡？」他馬上回答說：「她才有問題呢！」繼續破冰：「你想你老婆希望你來的原因是……」他開始融解了：「她老是疑神疑鬼的，認為我……，你說一個男人家在外總會有一些應酬……，我認為我老婆才需要改變。」等他一股腦地說完，作者引導他到問題解決的方向：「除了你老婆要改變之外，你想有什麼有效的方法可以讓她不再這樣懷疑你？」他開始建設性的思考：「我覺得我也許可以……」此後，訪客也成為了真正的消費者，開始步上問題解決的正軌。

　　此外，除了笛夏德所說的上述三種類型外，還有另一種類型像徘徊在商店外觀看展示櫥窗或在商店裡逛逛看看的遊客。他們可能也有諮商的需要，但因對諮商陌生或信任度等原因而猶豫不前。通常他們會假借想了解一些關於諮商機構、諮商師陣容、收費情況、隱私等，提出一些試探性或質疑的問題。這一類型的求助者動機較訪客高些，但較消費者和抱怨者低些。諮商師除了像店員推銷東西似地真誠回應他們的問題外，還可以提供他們一些介紹諮商的相關資料，但不能有過度宣傳和強迫銷售的言行，並在他們離開時感謝他們的來訪。這類訪客有的可能離開後不再來，但有不少人有需要再來時會成為真正的消費者，因為他們已有了熟悉和信任的感覺。

三、利用晤談前的訊息

　　焦點解決短期諮商相信「改變在諮商前已經開始」，因為案主在前來諮商之前肯定想過他們的問題，甚至試圖採取一些解決方法，只是無法有效地解決問題。然而，他們的方法並非全然無用，之所以失敗可能是他們奢望完美或兩全其美的方法，也可能是沒有看到或不相信已有的一些小改變。因此，在初次晤談時，諮商師要與案主探討他們做過的解決方法、運用過的資源、未察覺的改變等。例如，諮商師可引導案主探討：「你曾經用過哪個方法，剛開始的時候還不錯？」、「你曾找過什麼可以幫助你的人或機構嗎？情況是？」、「你仔細想想，當採取這個方法時，有沒有一點點不同？也許有你沒有察覺到的改變」等。如果案主表達出一些成功、可用的資源或改變，就可在此基礎上加以擴大，發展更多的方法和資源。即使他們訴說失敗的經驗、貧乏的資源或改變的挫折等，對於未來問題解決也提供了不少有參考價值的訊息。

　　如果案主對上述問題的回答完全否定，諮商師仍可給案主一些鼓勵：「你來這裡，就是向前跨了一大步。」、「對你來說，真誠地對陌生人說出問題就是一種改變。」、「你開始想一些可利用的事物，現在情況有了不一樣。」等。關於進一步技術的說明，請見本章第四節「例外架構」和第五節「假設架構」的運用。

第二節　晤談的流程

　　有關晤談的流程，諮商師各有其習慣方式，有些諮商師視案主的情

況調整，有些諮商師較隨性進行。而焦點解決短期諮商有著自己一套晤談的結構和流程，詳細介紹如下。為了晤談進行順利，請參考附錄的「初次晤談工作單」，在實際諮商時可置於手邊，以做為提示的參考。

一、流程說明

焦點解決短期諮商對案主說明晤談的流程與其他諮商學派有些不同。參考自蔡翊楷等譯（2006）及許維素等人（1998）的描述，修改為較口語化的陳述：「首先，我會讓你知道我們的談話如何進行。其次，在過程中我會問你許多問題，其中某些問題聽起來有點荒謬，你也可能不容易回答，而且，我會將一些談話的重點記錄下來。結束談話前，我會離開幾分鐘到隔壁房間與我們一起工作的專家討論，目的是整理我們所談的內容，隨後會給你一份我們的建議，你覺得如何？」

在密爾瓦基的短期家庭治療中心，笛夏德和他的同事們設計一個標準的晤談流程，稱之「初次晤談的公式化任務」（formula first session task）。其中最有特色的是治療師與案主談話時，由 2-3 名同事、督導或邀請來的專家組成合作團隊，在治療室旁的另一房間裡，從牆上的單面鏡針對治療進行觀察。他們的任務是在休息階段時與治療師做一個簡短的討論，重點不在分析問題或檢討治療好壞，主要是提供治療師在回饋階段給案主的一些具體意見，包括肯定案主的改變、家庭作業的建議等。以通常 60 分鐘的晤談時間，治療分為三個階段。在此僅介紹簡單的形式，關於各階段的詳細說明將於本章後續內容呈現。

1. **建構階段：**約 40 分鐘，除了開場寒暄和流程說明外，包括目標架構、例外架構和假設架構，詳細說明可見本章第三至五節）。

2. **休息階段：**約 10 分鐘，治療師到隔壁房間與觀察團隊討論。

3. 回饋階段：約 10 分鐘，治療師給予案主肯定、建議、交代家庭作
業等。

有些諮商師認為諮商的休息階段沒有必要，因為可能會因中斷而影
響晤談的流暢性。而且，從人力和成本的角度考慮，也很少有個人或機
構能像短期家庭治療中心擁有這樣的資源或實力，能使每一個案主在晤
談時都擁有一個專家團隊陪同。然而，如果時間允許，有個 5-10 分鐘的
休息也是不錯的做法。諮商師暫時脫離諮商情境，利用這段時間讓自己
的頭腦清醒片刻，整理剛才與案主晤談的頭緒，閱讀剛才做的筆記，等
一下再給予案主一些具體的方式、想法和建議。休息之後是給予案主回
饋，結束本次晤談（見本章第七節）。

如果諮商師在休息時間突然想起一些要深入了解或補充詢問案主的
事情，最好不要回頭或休息後提起，因為晤談最後的回饋階段有其必要
的任務，重啟話題不僅時間不夠，而且可能影響原先的晤談。此時，可
以先記錄下來，等下次晤談時視其必要性再適時提出。

一般而言，大多數諮商師在諮商中不會有休息時間。Macdonald
（2007）認為，如果由於時間或環境因素無法有休息時間，他會對案主
說：「你剛才和我說了一個複雜的情形，在我做出回饋前請給我些時間
想一想。」案主一般都視其為對他們的一種尊重而樂意保持安靜（駱宏、
洪芳、沈宣元譯，2011）。其實，如果諮商師能在這段陳述後面再加一
段話可能更佳：「……你也可以利用我想的時候，整理一下我們今天所
談的，特別是自己有什麼改變。」

二、問題解決路徑

心理諮商是一個有計畫的改變，晤談的進行應從既定的諮商方針來

幫助案主，絕不能在晤談時不知所云或胡亂出招。因此，Littrell（1998）認為諮商師應有一個清楚的工作藍圖，做為幫助案主改變過程的導引。關於焦點解決短期諮商的工作藍圖，不少學者提出或複雜或簡單的架構圖。為了幫助初學者了解其原則和應用，本書以 Walter 和 Peller（1992）根據笛夏德和他同事的初次晤談模式，說明其摘要出的「建構解決路徑」（pathways of constructing solutions）的原則（見圖 2.1）。關於目標架構、例外架構和假設架構等意義和內涵，將於本章後續各節中進一步詳細舉例說明。

　　需特別提醒的是，在諮商過程中運用時，應視案主的情況彈性應用。因為對於不同的案主做法會有不同，例如有時案主已知自己想要什麼和能做什麼，就不需要利用例外或假設架構；有時可把量尺化技術放在最初的目標架構裡用，有時也可放在後面評估案主改變用；有時還可以採

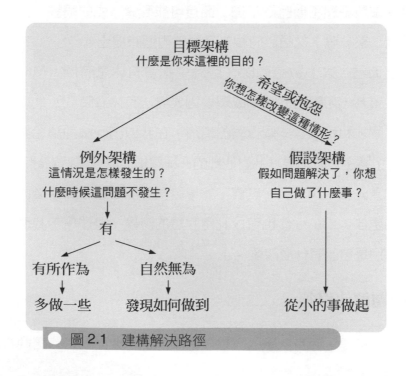

圖 2.1　建構解決路徑

用例外架構或假設架構尋找諮商目標。因此,面對不同的案主,諮商師可能有不一樣的工作藍圖,只要把握住不改變基本的晤談模式。

建構解決路徑主要有目標架構、例外架構和假設架構三方面,不同的架構有不同目的和策略,舉例說明如下:

1. **目標架構:**主要目的是引導案主尋找改變的目標,諮商師典型問句是:「什麼是你來這裡的目的?」有的案主能清楚表明自己的目標,例如:「我要提高做事的效率」、「我想使自己的睡眠好些」、「我要改善我們夫妻的關係」等;而有的案主的表達可能只是一個希望或抱怨,例如:「我希望父母能尊重我」、「我認為老師不公平」、「我覺得自己什麼也做不好」等。如果是前者,諮商師可進入下一個階段;如果屬於後者,諮商師需先加以釐清和確定目標之後,再進入例外或假設架構。

2. **例外架構:**主要目的是幫助案主發現案主目標或解決方式早已存在的事實與內容,引導案主區分「問題發生時」以及「問題未發生時」,尤其注重後者的存在和意義。當案主說出積極正面的例外,諮商師典型問句是:「這情況是怎樣發生的?」要求案主簡要地描述當時的情形,即使案主話中用了「偶爾」、「很少」、「難得」等字眼。如果案主說不出任何積極或正向的例外,諮商師可用另一個典型問句是:「什麼時候這問題不發生?」在案主舉出事例後,同樣地要求案主簡要描述當時的情形。接著,無論在例外發生或問題不發生的情形下,諮商師引導案主覺察當時是有所作為,還是自然無為。如果是前者,鼓勵案主多做一些當時有效的事;如果是後者,幫助案主發現當時是如何做到的。

3. **假設架構:**當案主實在說不出任何例外,諮商師可轉向假設架構,

主要目的是幫助案主從「問題可能解決」的認知中，找出問題解決的線索。諮商師常用的方法是鼓勵案主想像如果問題解決或目標達成時，會是什麼樣子、採用了哪些解決方法。諮商師典型問句是：「假如問題解決了，你想自己做了什麼事？」或「當這個目標已達到了，你之前的行為有什麼不一樣？」然後，鼓勵案主開始從一些可以做的小事做起。

第三節　目標架構

誠如本書一再強調的，焦點解決短期諮商的重點在於案主的問題解決，因此晤談時不會在他們的問題形成上做過多糾纏。以往，持傳統觀點的諮商師至少會花費 2-3 次的晤談時間去了解案主的問題，找出問題的癥結所在，然後開始所謂的「對症下藥」的諮商。而應用焦點解決短期諮商技術的諮商師在第一次晤談時，即致力於幫助案主發現改變目標，並且由此構建解決方法。

目標架構在焦點解決短期諮商中占有重要地位，以下將概述目標的意涵和來源，並介紹案主的目標類型與訂定策略、良好目標的特徵，及訂定目標的特別技術等。

一、目標的意涵和來源

正如前一章提及，案主是自己問題的專家，這在諮商中常容易被忽略。所謂的目標是指案主想要達到的目標，並非諮商師認為案主「應該」達到的目標。案主必須對解決自己的問題負起責任，倘若把諮商目標看

作是諮商師的目標，案主的責任無形中會轉移到諮商師身上。而當目標屬於案主時，在諮商初期案主就能快速參與到諮商當中來，這為此後的改變打下了堅實的基礎。

案主帶著問題前來諮商，但問題並不等於目標。那麼怎樣引導案主跳出困頓的問題本身，儘快以未來導向、解決導向的方式來設定諮商目標呢？以下是幾個典型的參考問句，如：「你今天來這邊的目的是……」、「你今天來找我是……」、「我知道你帶著一些問題來這邊，你希望我給你怎樣的幫助？」等。

遇到這樣的問句，案主的反應會各不相同，而諮商師採用的策略也要相應做出調整。如果經由諮商師的引導，案主可以自己講出目標那是最好的情況，但根據經驗，在華人文化背景下，這類案主會比較少。有相當多的案主並不清楚自己的目標是什麼，有些會敘述一些生理上的不舒適或抱怨，例如：「我最近被這事搞得睡不著覺、吃不下東西……」、「我的肩膀酸痛，怎麼吃藥、擦藥都不行」、「我的胃不時地翻攪，真難受」等。有些非自願的案主甚至否認問題存在。對於這些不清楚自己問題和改變目標者，此時諮商師應儘量引導案主去思考，必要時給予適當提示，例如：「假如你知道的話，那會是什麼？」、「之前你媽媽跟我描述了一些你在學校的情況，她認為你有些不太適應，你覺得呢？」等。其實，案主在諮商之前對自己的問題已經有過思考，也想過一些解決辦法，案主的改變在諮商開始前就已在醞釀。在諮商師試探性問句之後，案主會提供更多的訊息，直到目標漸漸清晰。即使案主不認同諮商師的引導，他們也會修正或補充。

在這種情況下，諮商目標是經由諮商師與案主共同商定得到的。這一過程中需要注意的是：案主必須參與目標制定的過程，且最終確定的

目標必須徵得案主同意。

二、目標類型和訂定策略

在晤談中，案主所呈現出的目標可歸納為以下五類，藉由諮商師的協助可使其目標更具體可行。

（一）積極正向的目標

如果案主已有了積極的目標，諮商師可以與案主探討目標執行層面的細節，例如案主的目標是：「我希望自己的身體狀況更好」、「我想提升我的英語水準」等。這類目標看起來有些抽象，諮商師需要把這些抽象的目標轉變成具體、可操作的目標，例如：把「好的身體狀況」的目標轉變成規律的生活作息、運動、注意飲食等，甚至細化到可以測量的行為，比如 12 點前上床睡覺、跑步 2,000 公尺、定時用餐等。

有些案主會一下子把目標訂得很高，難以達到。一個不切實際的目標很容易使案主感到挫折，停止努力的腳步。遇到這種情況，諮商師可以與案主進一步討論立即、近期、中期、長期目標的訂定，幫助案主覺察自己的小改變，並及時予以支持和鼓勵。

（二）不可能達成的目標

這樣的目標雖然有一些有積極的意義，但不具備可操作性。比如希望離婚的父母能夠復合，希望死去的親人能夠復生，甚至中彩票頭獎等等。遇到這種情況，倘若諮商師說：「父母親離異是他們的事情，你左右不了」、「人死不能復生，節哀順變」等，這些顯而易見的道理對案主毫無幫助。諮商師要做的是尋找這些期望背後的需求和意義，例如：

諮商師：「父母親復合對你來講具有很重大的意義，那是什麼？」

案　主：「我希望家是完整的，我希望能得到父母親雙方的愛。」

諮商師：「現在看來，讓你父母親復合似乎不太可能。在這種情況下，有沒有別的方法可以滿足你的需求，讓你感到你是家庭的一部分，你還能夠得到父母親的愛？」

諮商師在諮商過程中需要透過一些具體的詢問打破案主慣用的思考方式，從中尋找積極的意義，將晤談內容導向問題解決。

（三）負向消極的目標

由於問題的困擾，大部分前來諮商的人都習慣採用消極、負向的思考模式。消極的目標一般呈現出兩種情形，一種是希望自己告別某種帶有自我否定意涵的處境；一種是希望別人停止某些做法，例如：「我不想這麼懦弱」、「我不希望老師再苛責我了」、「我不希望我媽媽再嘮叨了」等。

遇到這種情況，諮商師要如何應對呢？任何負向的表達都蘊藏著對改變的期待。案主對於自身當前的處境表示不滿，那麼，諮商師要啟發案主思考與「不」相對的是什麼，他所希望的情況是什麼。比如：「你不想做這樣的事情，那麼你想做什麼？」、「不想如此，那相反情況呢？另外一端是什麼？」、「你不想別人這樣對你，那麼你希望別人怎麼做？」等。

如果案主說：「我不想要亂發脾氣」，轉成積極的目標就可能是「我希望能控制自己的情緒」等諸如此類的敘述。在將負向消極的目標轉化為正向積極的目標之後，接下來就可以參考積極目標類型的處理方式進行諮商。

持有負向目標的案主中，有相當多的人同時希望他人做出改變，遇

到這種情況時，請參見稍後提到的「希望他人改變的目標」的處理方法。

（四）具有傷害性或者破壞性的目標

　　有的案主設定的目標會涉及法律或倫理問題，比如想做違法的事情、傷害自己（如自殺、自殘等）或傷害他人的事情，雖然這類案主並不多見。能夠前來求助意謂在他們內心深處，會有一絲猶豫、衝突或掙扎，這正是諮商師幫助他們的契機。

　　案主表達這類目標通常都是一種表象，是案主內在需求無法被滿足的表現。焦點解決取向的諮商師不會過多關注這類傷害性目標背後的原因或理由，而是從案主的情緒（如憤怒、不滿、悲傷）出發，同理案主的感受，澄清案主隱含的需求和渴望，幫助案主重新建構一個健康的目標。在此基礎上，幫助案主看到問題解決的其他可能性，尋找切實可行的解決途徑。

（五）希望他人改變的目標

　　這類案主將問題的改善寄託於他人的改變，諮商師需將之引導至自我改變方向，例如：「我希望老師不要老是找我麻煩，能多關心我。」諮商師可回應：「聽起來你想要老師改變，你覺得這有多大可能性？」、「如果他不改變的話，面對這樣的情形你能做什麼？」等。

　　從系統觀的角度來看，當案主自我改變的時候，周遭跟他們互動的人會有所覺察，受到影響，進而有所改變。所以在焦點解決短期諮商中，諮商師會鼓勵案主做一些不一樣的事情，引導他們思考：「你可以做一些和過去不一樣的表現，看看對方反應如何？」、「你想讓某人不再找你的麻煩，除了和他吵，還有什麼方法？」、「你可以用怎樣不同的方式來處理？」等。

　　諮商師要使案主承擔起改變的責任，幫助案主找到可以掌控的目標，藉由自身的改變來促成他人的改變。

三、良好目標的特徵

　　當然，案主呈現出的目標類型並不局限於上述幾種，諮商師需根據案主的實際情況進行彈性應對。在心理諮商實務工作中，良好的諮商目標應該具備如下特徵（李淑珺譯，2009；Walter & Peller, 1992）。

（一）積極的敘述方式

　　在敘述目標時，用「我會去做……」、「我想去做……」等肯定的語氣，而非「我不想……」等否定的方式來描述。因為負向的敘述往往會強調負面的事實，強化負向的感受。而正向的表達方式將引發案主描繪他想擁有的、想要達成的景象，促使案主思考他所要達到的目標，而非停留在毫無意義的抱怨中。

（二）描述動態過程

　　焦點解決短期諮商用一連串的行動、想法來動態地描述想要達到的目標。例如，案主說「我想和我同事和平相處」。和平相處是一個靜止的畫面，諮商師可以引導案主思索與同事和平相處時自己的行為表現，比如自己會說什麼、會做什麼、當時有什麼想法等等。這些動態過程要比靜止的畫面更容易發展出具體的行動步驟，促進改變的發生。

（三）存在於「當下」的此時此地

　　有些案主將問題解決的時間表訂在很久以後的將來，而焦點解決短期諮商中理想的問題解決方案，是案主能夠「立刻」或者「繼續」去做

的行動。將案主從未來的目標拉回此時此地的做法是詢問案主：「如果你已經朝這個遠端目標前進，或者假設你已經達成這個遠端目標，你的行為會有何不同？」透過這樣的方式，引導案主覺察他所描述的這些行動自己當下就可以掌控，並不一定要等到很久以後才能去做。倘若案主願意付出行動，做出哪怕一小步的嘗試，都有可能為問題解決注入新的動力，帶來新的希望。

（四）越具體越好

訂定的目標要具體，不能太抽象，目標描述得越具體，越具有強烈的行動原動力。有些人的目標會是「我希望有一個幸福快樂的人生」，這太抽象了。諮商師可以藉由一系列具體化問句，將案主的目標變得更具體，比如說：「未來兩年之內，你希望達到怎樣的程度？」、「在下個月你希望做什麼樣的改變？」、「現在你可以做什麼？」等。

（五）由小步驟開始

焦點解決短期諮商中強調：一小步的改變勝過一大步的改變。想要經由一兩次諮商就徹底改變，絕非易事。一大步的改變經常是遙不可及的，因為問題是累積而來的，問題解決也要慢慢來，改變需要時間。小步驟的改變是在案主的控制範圍之內，是案主付出努力即可實現的目標。諮商師可以引導案主：「當事情有所改善時，你能想到的第一個可以做出的改變是什麼？」從而發展出具體易行的細部目標，鼓勵案主付諸行動。小的成功經驗可以讓案主相信，自己是有能力的、是有資源的。一個小改變推動另一個小改變，帶動持續的小改變，在一連串的小改變之後，累積的成果甚至可以媲美或超越一個大改變。

（六）在案主的控制範圍內

前面介紹過「希望他人改變的目標」，有些案主一心希望別人做改變，認為「必須別人改變了我才能改變」。此時諮商師可以引導案主逆向思考：「如果你先改變了，那別人會怎樣呢？」使案主明白：你不可能改變別人，除非透過改變自己，促成他人的改變。在此基礎上，幫助案主找到自己可以改變的目標。切記，無論如何，諮商師都不能掉進與案主討論如何改變別人的陷阱。

（七）用案主的語言描述

作為諮商師要了解一點：諮商的目標是案主想要實現的目標，而非諮商師自認為案主「應該」達成的目標。案主選用的字句往往有著特定的含義，因此，諮商師要詢問案主：「你想做什麼？你可以做什麼？」然後用案主的言語、詞彙建構一個屬於案主的目標。這不僅使案主相信諮商師能夠同理他們的感受，為諮商奠定合作的基礎，還有利於使案主儘快投入到諮商當中，承擔起改變的責任。

總之，設定目標是焦點解決短期諮商的重要環節，良好的目標凝結了諮商師和案主雙方的智慧和努力，二者需要不斷進行互動，逐步加以完善。

四、訂定目標的特別技術

在前來諮商的人中，有些案主很難明確地講出自己想要達成的目標是什麼，諮商師在引導案主思考自己的問題、制定目標時，以下技術可供參考。

（一）量尺化技術

量尺化（scaling）技術，也有人稱之刻度化技術，在焦點短期諮商中的應用範圍很廣，既可以用在目標的制定階段，也可以用在行動改變階段，還可以用於評估整合階段，同時也可以結合其他技術（如奇蹟問句）共同使用。

使用量尺化技術首先需要建立改變或進步的基線。如果 10 是達成目標，0 或 1 是事情最糟糕的樣子，基線就是案主當下所處的位置。絕大多數的案主大概都在 2 或 3，而不是 0：糟糕至極。假如案主建立的基線是 2，在採取一些行動之後，諮商師再詢問他「你現在達到多少」，他會說「我覺得到 3 了」，這可以很好地看到進步表現。若不採這種方式，案主很可能說「好像沒什麼進步」。

對於幼小的孩子，量尺化可能不太容易被理解。因此對未成年的孩子要做一些改變，用一些具體的東西來表示。有的諮商師用實際的尺，有的諮商師用表情臉譜的方式，還有的諮商師用計點、貼紙的方式，這都使得評量不那麼抽象。此外，對於幼小的孩子，評量的尺度（範圍）也不需要太長，可能 0 到 5 足矣。

如果真的有案主說「我沒有改變，我就是 0」，這時怎麼辦？其實，改變是必然發生的，一個人認為自己的一切都沒有改變，那不過是他對事情的認知方式沒有改變罷了。諮商師一定可以找到他生命中的一些例外（詳見第二章第四節），讓他看到自己不是 0。倘若案主無法表達，諮商師可以讓他設想（詳見第二章第五節），「如果你現在到 1 了，那是怎樣的情況，你做了什麼？」如果還不奏效，諮商師可以說「其實你今天坐在這邊跟我談，改變就已經開始了」，「你在思考、認真地看待自

己的問題，今天你能夠跨進諮商室的門跟我談，已經需要很大的勇氣了，你有改變的意願，所以你不再是 0，可能是在 1 或 2 吧！」

儘管量尺化技術仍屬於主觀評量，但卻可以激發案主持續改變的動力，也可以讓諮商師和案主雙方都清楚地看到案主改變的進程，同時對雙方進行諮商效果的評估也有很大幫助。

（二）「為什麼是現在」技術

Budman 和 Gurman（1988）提出「為什麼是現在」（why now）的引導技術。案主的問題常常是「冰凍三尺，非一日之寒」，問題已發生一段時間了，甚至長達三五年，他為什麼現在才來求助，這是值得探討的。但諮商師在言語上不能生硬地表示「你怎麼現在才來找我」，不能讓案主感覺自己受到了責備，不被尊重。諮商師可以說：「是什麼樣的原因讓你選擇現在來找我？」、「這個問題好像有一段時間了，你今天來找我是因為⋯⋯？」

問題發生這麼久了，並沒有更嚴重，一定是案主採取了一些方法，這是諮商師要關注的積極力量。而案主為什麼現在才來，有可能是他試過了一系列方法之後都沒效；可能他過去都是在遮掩，把問題放在一邊，但最近突然有了一個誘發事件，他才來求助，比如：「如果我不來的話，我太太要跟我離婚」，案主不能再逃，不得不面對了；還有可能是遇到一些特殊的日期，比如人到中年，「下禮拜就四十歲生日了，沒什麼成就，展望未來，前途渺茫。」在西方的耶誕節、中國的春節、端午節、中秋節、清明節、周年祭等等，甚至在季節更替之時，都可能促發案主前來求助。所以，案主為什麼現在來求助，這是晤談的一個很好的切入點，可以使諮商師獲得一些意想不到的訊息，了解案主在前來諮商之前

都做了些什麼。

（三）「黑與白」的技術

　　諮商師有時會對案主的改變目標是什麼感到困惑，因此導致諮商效果無法彰顯。舉例而言，在作者的一次督導經驗中，某位諮商師敘述他最近進行的一個諮商案例：一位 20 歲的大學女生對諮商師說，她對年齡在 40 歲以上男性感到害怕，因為她曾在 12 歲時險遭姑父性侵害。該諮商師嘗試在認知上和情緒上幫助她走出了昔日的陰影，但是效果不佳。諮商師的困惑是：「案主並不因為當年的經驗影響她後來的交友戀愛，也不清楚自己想改變什麼。那麼對於這類案主的諮商目標是什麼？」

　　身為韓裔美國人的茵素・金・柏格（Insoo Kim Berg）以焦點解決短期諮商的觀點，引用了中國人熟知的「太極圖」。她用太極圖中的黑與白來形容一個人內在的光明與陰暗、積極與消極、優點與缺點等對立的兩面；如果越強調黑的一面，白的一面就減少或消弱，反之，越強調白的一面，黑的一面則相對地減少或消弱。因此，作者在督導過程中除了解釋黑與白的消長意義外，給該諮商師的建議是：「從案主過去的成功經驗裡，幫助案主發現自己有用的能力和有效的資源，並且擴展和強化這些白的部分，相信黑的部分自然會減少。因為當案主的自我力量增

強時，過往創傷的影響會消弱許多。」該諮商師仍有疑惑：「那她過去那個不好的經驗會不會影響日後與 40 歲以上男士的接觸，如授課的老師、工作的主管等。」作者的回應是：「相信你的案主！何況每個人過去或多或少都有不好的經驗，但多數人仍能很好地適應生活，因為畢竟在他們的世界裡，白的部分要比黑的部分多！」

第四節　例外架構

在設定了良好的目標之後，諮商的重點就可以轉移到構建問題的解決方法上。前來求助的案主對於改變自身現狀往往感到無力，甚至有些絕望。他們經常忽略自己曾經擁有的成功經驗，輕視已有的小改變、淡化正在付出的努力。倘若案主能夠發現以上這些例外情況，有效利用自身現有資源，就能夠增加案主自身對問題的掌控感，提升改變的可能性。

一、生命中的亮點

困頓中的案主習慣於把注意力傾注在「問題發生的時候」，卻很少注意那些「問題不發生的時候」，猶如只注視到白紙上的一滴墨漬。而傳統的諮商師亦常常把案主看做是生病的、有問題的個體，對於案主的能力也常有低估，甚至不相信他有改變的能力。到了 1980 年代，後現代心理學開始相信人的內在蘊藏著正向、積極的潛能。從焦點解決短期諮商的角度來說，無論案主的問題有多麼嚴重或是由來甚久，他們的生命歷程中總會存在問題不發生的時候。此時，只要有人提醒他們所具備的現有資源，或是在原有資源的基礎上稍加擴展，就可以找到突破困境的

方法。

　　一般而言，在案主有了明確的目標或是成功期待之後，接下來就要致力於尋找他們過去經驗中的亮點——那些被忽視的例外。所謂的例外，一方面包括案主的成功經驗，即案主曾有達成過類似目標的經驗；另一方面也包括案主的部分成功經驗，即案主曾朝向問題解決方向努力，問題有過階段性改善的情況。此外，還包括發現問題背後的新意義，這是焦點短期諮商特別強調的一點：不僅要看到問題本身，更要看到暗藏在背後的期待，發展其積極的功能。這些例外早已存在於案主的經驗中，只是案主尚未察覺，並非遙不可及。

　　諮商師要始終相信，案主具備解決自己問題的能力，且案主的每一個問題都有例外可尋。同時要協助案主找出這些例外，幫助案主傾聽自己：「是的，我成功過」、「是的，我有能力」等，讓案主看到自己的能力和資源，打破其面對問題時的自我設限，對解決問題不再感到無能為力。

二、如何發現例外

　　早在諮商之前，案主就已經開始為走出困境而努力，只不過他們認為得到的那些改變微乎其微，不值一提。倘若案主能夠覺察到那些例外情況，能夠意識到自己已經開始了改變的行動，那麼接下來只需要讓行動持續發展下去，問題即可得以解決。在此，從例外架構出發，整理出一些具有建設性的問句，供實務工作者參考：

　　1.「這個問題在什麼時候不發生呢？」、「你想達成的目標過去什麼時候曾經達成過，或者很接近？」：諮商師站在相信例外一定存在的預設立場上，因此不要問案主「有沒有……的時候」，這

樣的問句無法表達諮商師對案主的信心。

2. 「什麼時候會有點不一樣？」、「什麼時候問題不那麼嚴重／頻繁／強烈？」：如果案主堅持認為從未有過問題不存在的時候，諮商師可以用這種方式尋找例外，也就是在案主糟糕的處境中找出最好的時候，找出黑暗中的亮點。

3. 「你以前遇過相似的問題或困難嗎？那時你是怎樣做的？」、「你是怎樣做到的？」：這個問句一方面可以蒐集具體的行動訊息，使諮商師和案主雙方都更清楚案主處理問題的方法；另一方面也暗示案主已做了一些值得被肯定的行動。有的案主並不認為問題的改善是自己的功勞，可能會說：「我不知道，就那樣發生了。」此時諮商師可以進一步詢問：「我想你一定做了些什麼促成這件事發生，想一想可能是什麼？」一旦案主能夠說出怎樣的行動能讓好的情況發生，他就會知道如何朝這個方向前進。

4. 「在那些成功的時候，你的想法／做法／生活……有哪些不同？」、「在那些時候，你覺得別人對待你的方式有什麼不一樣？」：這個問題可以提示案主：生活中的部分改變，會像漣漪般擴散到其他部分。某個領域有好事發生，也會「傳染」到其他領域。這個問題使案主有機會去追溯，一個小小的例外對生活的各個方面有什麼正面的影響。

在幫助案主尋找例外時，諮商師需要注意以下幾點：

首先，諮商師要仔細傾聽案主的敘述，注意其用詞，抓住他們話中一些積極、有益或有效的詞彙或字眼，幫助他們多看到自己的成功經驗，而非失敗經驗。例如，案主說「問題經常發生」，「經常發生」意謂著

還會有一些特殊或例外；「多數時候都是這樣」，那麼相對而言就存在「少數的時候」。諮商師要啟發案主思考問題不存在或情況較好的時候會有什麼不同，從而引導他們對這類例外時刻或情形做更詳細或具體的描述，如當時發生了什麼、感覺如何、想到什麼、做了什麼等。

其次，少說封閉式的問句，如：「你有沒有……的時候？」、「有沒有不一樣？」案主面對類似這樣的封閉式問句，答案往往是否定的，這樣無益於案主講述自己的故事，提供更多有建設性的訊息。

第三，面對諮商師的詢問，案主可能想不起來任何例外情況，可能出現沉默現象。這是因為諮商一開始，案主腦海中出現的都是對問題的困擾、抱怨；諮商師詢問的例外是他至今都不曾注意過的。這種情況下諮商師需要稍做堅持，則絕大多數案主都可以舉出幾個例子。如果案主還是難以做到，諮商師就要改變策略，引導案主走向假設架構（詳見第五節）。

第四，多用積極的引導與回饋。焦點解決短期諮商相信案主擁有解決問題的能力與資源，積極的引導和回饋可以喚起案主的注意，提升信心，增加改變的動力。積極的引導和回饋常常是聯繫在一起的，方式有很多，可以是興奮喜悅的聲調，也可以是動作、表情或者文字。例如，以振奮的語氣說：「這不容易，你當時是怎麼做到的？」、「不錯啊，你是怎麼邁出最艱難的第一步的？」、「那太棒了！」等。

諮商師以鼓勵支持的方式引導案主敘述過去的成功經驗，有助於發現促成其改變的重要因素以及背後蘊含的意義，從而幫助案主把握改變的契機，使發生改變的過程意識化，成為可供案主隨時提取的能力與知識。

三、找到例外後

　　問題的例外會提供豐富的訊息，使諮商師了解問題解決需要什麼資源。一旦找到例外或成功經驗，諮商師要即刻予以關注並強調。無論是多麼小的例外，甚至是案主認為微不足道的，或者哪怕只是偶然發生的成功經驗，都是值得不斷複製的資源。

　　從這樣的個別例外出發，引導案主思考還有什麼其他的例外情形，進而發展出更多與目標相關的例外。在此基礎上，協助案主尋找眾多例外之間脈絡性的差異，對比問題發生時和未發生時的不同，從中發現一些共通性的東西，這正是案主可以利用的資源和方法。諮商師可以藉由以下問句啟發案主：

　　「你覺得你需要做些什麼，能使你再次成功地做到這些？」

　　「如果你繼續做這些事，你的處境會有什麼不同？」

　　正如焦點解決短期諮商強調的「有效的不妨多做，沒有效的不要再做了」。諮商師要幫助案主分析自己做了什麼使例外發生，並鼓勵他有意識地增加例外發生頻率，這正是改變的開始。通常，案主只要做本來就有效的事，問題自然會得到解決。

第五節　假設架構

　　上一節介紹了焦點解決短期諮商中例外架構的使用，然而有時在實際諮商中，有些案主任憑諮商師怎樣啟發，仍舊難以發現例外。倘若案主真的沒有成功經驗可言，諮商師就要使用未來導向的問句，走向假設

架構。雖然問題發生在過去，但解決問題的可能性卻存在於現在和未來。諮商師會請案主想像未來問題不再發生的情形，描述問題解決時的全貌。相對於案主之前的狀態而言，這本身就是一個例外。而一旦案主描述出沒有問題的未來，他就有了「問題是可以得到解決」的認知和信心，同時也獲得了問題解決的線索。

除了探索解決途徑之外，假設架構還可以用於前一階段目標的設定，用來幫助案主尋找正向、積極的目標。以下介紹兩種假設架構的主要應用形式：水晶球技術和奇蹟問句。

一、水晶球技術

最早的解決導向技術來自於艾瑞克森，後來被笛夏德（de Shazer, 1985）引用稱之為「水晶球技術」（crystal ball technique）。水晶球技術有催眠的特點，旨在激發並利用案主潛意識層面的記憶和經驗，喚醒案主本來就有但尚未用於解決問題的力量（李淑珺譯，2009）。

運用該技術首先要讓案主創造水晶球並形成一種觀念：遺忘的事情能夠被記起，記得的事情亦能夠被忘記。之後要求案主透過水晶球想像並體會一個早期被遺忘的愉快經驗，盡可能詳細地描述這個記憶，包括其中他人的行為表現。接著引導案主進入問題已解決的未來世界，再次遇到諮商師，並告訴諮商師自己是如何解決問題的。水晶球技術的一個重要方面就是讓案主預測周遭的重要他人對於案主的改變會做何反應。這種預測會幫助案主改變固有的預期，進而引發行為的改變。待案主描述完之後，諮商師就讓他們遺忘這個想像的圖像，回到現實當中。經過一段時間之後，案主通常都會報告已經解決了自己抱怨的事（李淑珺譯，2009）。

二、奇蹟問句

　　奇蹟問句的作用與水晶球技術類似，但因其操作簡明，在諮商工作中更為常用。奇蹟問句通常由一系列的問題組成，不但要求案主想像問題不存在的未來，還要求他們對未來做更多細節上的描述。奇蹟問句的一般流程如下：

1. 「我現在要問你一個有點特別的問題，假如有一天早上你醒來，奇蹟發生了，你的問題得到解決，你覺得你的生活會有什麼不同？」

　「因為你睡著了，你並不知道奇蹟發生了。醒來後你猜想問題已經解決的最初跡象／徵兆是什麼呢？」

　　很多時候案主不曾想過問題成功解決之後的生活，這些話能夠引出有關解決問題的訊息。對於奇蹟問句，案主的第一反應普遍是沉默或「我不知道」，「不會有什麼不同」。諮商師要對案主抱有信心，因為他以前沒有想過，並不代表永遠不知道。通常，在經歷短暫的沉默之後，案主多少能夠表達一些想法，如果不行，諮商師可以利用以下問句鼓勵案主繼續思考：

　「你如何能察覺奇蹟已發生？你是怎麼知道的？」

　「如果你知道的話，可能是什麼？」

　　很多案主一心期待跨越式的大改變，卻看不到自己正在改變的途中。諮商師詢問徵兆、跡象是為了讓案主從最初的線索開始，找出改變發生的蛛絲馬跡。等到案主能夠描述出奇蹟發生的某些跡象，諮商師就可以進一步詢問：「有沒有一小部分已經發生了？」將案主從「未來的假設」拉回「現在的例外」，這時諮商師就可以依據上一節介紹的例外架構，

尋找案主可以利用的資源。

2.「你一定做了些不同的事情，那會是什麼？」

　「你猜想你可能做了什麼？」

　「你要怎麼做才能讓這些再發生？」

在假設問題已經解決之後，諮商師要將問題解決與案主的行動聯繫在一起，幫助案主整理問題解決的基本途徑，確定案主清楚地知道改變從何開始，要經過哪些小步驟才能使得奇蹟發生。

3.「誰會第一個注意到你的改變？他會注意到什麼？」

　「還有誰發現了？」

　「假如有人觀察到你的改變的話，他們會有什麼反應？」

　「什麼時候你能夠感覺到他們對你的不同？那你會怎樣回應？」

　「接下來會發生什麼呢？」

詢問問題解決所帶來的更多變化，可以使案主詳細描繪心中的目標願景，強化目前改變的動機，從中找到可能的努力方向。誰會注意到案主的改變？一定是案主身邊的重要他人，可能是父母親，可能是朋友、戀人，也可能是老師。案主個人的小改變可以帶動周遭人際互動的改變，影響並促進後續改變的發生。

奇蹟問句有很多方式，諮商師可以靈活選擇，但必須因人而異，具體問題必須符合不同案主的實際情況。東方人不太相信奇蹟，如果奇蹟形式不能被案主所接受，諮商師可以稍加變換，如：

　「有一天你達成了你的目標，完成了你的心願，你覺得生活會有
　　什麼不一樣？」

　「想像三個月（六個月）後你的問題解決了，你再次遇到我，你
　　會告訴我發生了什麼？」

「如果你不再需要我的幫助，你覺得是因為發生了什麼？」

「三年後，如果我收到你寄給我的錄影帶，裡面記錄了這三年裡你所做的事情，我會看到什麼？」

對於兒童，還可以借鑑 O'Hanlon 和 Weiner-Davis（2003）的說法（李淑珺譯，2009）：

「如果我拿出一根魔杖，對你的問題施法，你的生活跟以前會有什麼不同？」

「如果我們可以透過水晶球看到未來，我們會看到什麼？」

奇蹟問句會使案主經歷愉快的情緒體驗，這將增強他們對諮商的感受，一些想像不到的改變會隨之而來。和幫助案主尋找例外時一樣，為了發現問題解決的脈絡，諮商師要詢問啟發案主發展更多相關的假設，汲取其中可以利用的資源。

總而言之，假設架構蘊含著一個積極的意義，如同登山一樣，如果從山腳下遙望「雲深不知處」的山峰，有人心裡會有消極的想法：「那麼多的台階，多累人啊！」或者還未出發已經氣餒：「那麼遠的路，什麼時候才能走到啊？」甚至可能產生放棄的念頭：「根本不可能達到！」而假設架構能幫助案主想像已經登上頂峰，不僅給自己有實現願景的希望，同時，回首來路時會有滿足的成就感，也會正面看待為此付出的艱辛。因此，諮商師運用假設架構與案主分享「站在山頂」的愉快體驗之後，接下來再與他們討論達成目標的具體方法和步驟，案主會積極地規劃和很快找到達成目標的途徑。

第六節　改變行動

　　焦點解決短期諮商強調：案主對自己問題不能止於「洞察」（insight）或「覺察」（awareness），必須重視問題解決的改變行動（action）。在晤談中，當案主點頭說：「哦，我知道了」、「嗯，我了解」等反應，往往顯示他有了新的領悟，但不代表他願意採取行動去解決自己的問題。俗語說：「光說不練都是假把式」，因此諮商不能只是空談。在有了具體的改變目標之後，本章將介紹如何鼓勵案主朝著既定的目標，發展目標導向圖，並且在實際生活中採取具體的行動。同時，也需要與案主討論在改變行動過程中可能會遭遇的障礙或困難。

一、發展目標導向圖

　　無論是運用例外架構或假設架構之後，諮商師幫助案主發展他們的「心圖」（mind mapping），去想像達成目標的過程和步驟（蔡翊楦等譯，2006）。所謂心圖是個體導引自己前往目的地所形成的想像圖，藉由回憶和強化案主過去成功的經驗，進而創造自己未來要如何行動的一套想法。其最終目的是能使案主培養一些克服困難的有用習慣（productive habits）。而增進案主發展想像圖的第一步，就是引導案主認知到自己的資源、責任和能力，例如：

　　「你怎麼處理這種情況？」

　　「此時（那時）可以做些什麼不一樣的事？」

　　「你覺得下一步怎麼做會有效？」

　　「你如何評估改變的情形？」

「這方法很不同，你是怎麼想到的？」

「在這之後，你有什麼不一樣的想法？」

「你會怎麼做？」

有時，案主可能會回應：「我不知道」，諮商師可進一步強調地問：「如果你知道的話，會是……」。諮商師耐心地重複問題經常能引發案主想像達成目標的方法和途徑。有時，案主也可能把責任推給他人，例如：「以前都是我爸媽叫我做什麼，我就做什麼」，此時諮商師可將責任轉回到案主身上：「以前是如此，現在不一樣了，我相信你自己可以決定做什麼，能不能試著想想看？」讓案主體認到自己可以成功地達成目標。另一個方式是順著他的話回應：「如果你真的聽他們的話，你會做什麼？」

二、運用家庭作業

諮商師與案主約定進行「家庭作業」是非常重要的工作，所謂家庭作業是要求案主在每次晤談之間做一些改變的事情。因為，案主的改變如果只是在諮商室裡，晤談的效果是很有限的。為了使晤談的效果持續，必須延伸到諮商室之外和非晤談時間。換言之，案主如能將自己在晤談中訂定的改變目標，在真實的生活情境中採取實際的改變行動，才能落實諮商的效力，達到諮商的真正意義。因此，焦點解決短期諮商深信案主的改變發生「在兩次晤談之間」（between the sessions）的真諦。然而，由於華人社會的教育過度重視學習和強調作業，多數人從小到大有無數家庭作業或功課的壓力，致使聽到作業或功課時都有些害怕，甚至反感。因此交代家庭作業時，建議諮商師多以「觀察」、「活動」、「練習」、「任務」等名稱來代替。

　　指導家庭作業的說詞是要將注意力從過去轉移到現在或未來，隱含了促進改變的願望。雖然案主的預期總是事情會變得更糟，但諮商師要有積極的期待。因此，說詞儘量避免「如果」或「假設」等不確定的暗示。一般而言，諮商師根據案主的情況提供的家庭作業有四種類型：

1. **積極性的思考**：建議案主在平日生活中做一些觀察以培養自己的積極思考，例如：「回去後，你觀察一下心情平靜時自己在想什麼」、「這星期上課時，你留意到周圍同學有哪些還不錯的表現，而自己也可以做得到的」、「下週談話前，想要解決問題，你會做一些什麼？」等。

2. **採取有效的行動**：鼓勵案主在下一次晤談前採取一些積極行動或做一些不一樣的事，例如：「你承諾每天晚飯前跑步半小時，下週我們來看看效果如何？」、「記得先深呼吸幾次，再開口說你想對他說的話」、「今天談到你可以有一些不同的處理方法，這週提醒自己要用一用」等。

3. **觀察例外的發生**：鼓勵案主留意一些不同於過去或例外的情形，例如：「觀察你孩子這週良好的表現和為什麼有如此表現？」、「試著這星期不對先生嘮叨，看看他的反應會是怎樣？」、「留意一下你擔心的事情沒有發生，那是什麼樣的情形？」等。

4. **觀察自然發生的事情**：生活不是一成不變的，總是會有許多事情在發生，甚至包括所期待的事，只不過常被案主忽視罷了。諮商師可以提醒案主：「我希望你這段時間去觀察在你身邊所發生的事，哪些是你想要它繼續發生的？」、「這星期觀察一下有什麼新的情況發生？下次見面時我們來討論」、「回去後，什麼都不去想它（什麼都不做），看看會發生什麼不同的情況？」等。

三、預期可能的障礙

在幫助案主採取行動之前，與他們一起預想在改變的過程中可能遭遇的一些障礙或困難，以及如何去排除或克服。這種「未雨綢繆」的工作將有助於案主減少挫折，進而創造成功的經驗。諮商師可參考以下的例句來引導：

「這個計畫看來不錯，如果事情進行得不是那麼順利，你覺得可能是遇到什麼樣的困難？你會如何處理？」

「如果進行中碰到一些挑戰，你想可能是什麼？要如何解決？」

「如果像過去那樣，自己有些疏懶，有什麼可以讓你堅持下去？」

「如果有人阻擋你完成目標？會是誰？你有什麼應對的方法？」

改變過程中的障礙如同地雷，會讓案主卻步或受傷，因此需要諮商師與他們事前做一些「掃雷」的工作，盡可能設想和排除可能造成不利改變的障礙，如此才能使他們改變的過程更為順暢，並且儘快達到改變的目標。當然，仍有可能碰到預料之外的障礙，但與案主前期有關困難、障礙的討論，已足以增強他們應對的自信和能力。

第七節　晤談結束

晤談結束前 10 分鐘左右，是諮商師給案主回饋的時間。一般而言，諮商師可對此次晤談做一個簡單的總結摘要，有時也可請案主做一個本次晤談的心得。基於焦點解決短期諮商的精神，Sklare（2005）提出一個諮商師運用的「讚美─銜接語─任務」（compliments-bridging state-ment-task）技巧，能使晤談結束前的效果更佳，舉例說明如下（蔡翊楦

等譯，2006）：

1. **讚美：** 晤談結束前給案主一些肯定，對他們改變的信心和能力是一種鼓舞。因此，諮商師在晤談中要留意案主的一些優點、表現或進步，以便在此刻給他們一些讚美，例如：「從談話中，我看到你對問題的思考很有條理，也有改變的勇氣和決心」、「我很欣賞你很快抓住問題的關鍵，而且能想到運用過去成功的方法去解決」、「我覺得你對問題有新的看法，這是一個很大的進步」等。通常，對個別的案主給三個讚美，過多則不宜。來諮商的案主若為夫妻或家庭成員，每人給一個讚美即可。

2. **銜接語：** 讚美之後，如果直接指導案主回去做一些事會顯得突兀，因此需要有一些銜接的話（橋段）來鋪陳後面的任務指導，例如：「我想有一點很重要，在下次見面之前，我們來看看改變的效果，所以……」、「為了使你的情況有所改變，我鼓勵你……」、「為了幫助你朝著改變的目標前進，建議你……」、「你對自己的問題有了更清楚的了解，我們也訂定了目標，你也願意做出改變的努力，你訂定的大目標是……，更細的目標是……，那你願不願意回去後從今天開始做……」、「就目前的情況看，你如果可以再做些什麼，效果可能會更好，你願不願意做一些自我的觀察，做些……」等之類的話。

3. **任務：** 給案主離開諮商室後一些具體可行的任務，剛開始的時候不要給太多工作，因為那會讓案主感到負擔太重。有經驗的諮商師要案主做的事不會太多，他們會用卡片寫下來交給案主：「這個交給你，回去可以參考做一些事情。」內容也包括怎麼樣鼓勵自己、怎麼樣增強自信……類似這樣的提醒。其原則是從簡單的行動、小改變開始，發現建構問題的解決方法（參考上一節家庭

作業的介紹）。

當案主是兒童或青少年，如能將讚美和家庭作業寫在一張小卡片上，更具有鼓勵和提醒的作用。例如，卡片上寫著：「你是一個聰明的孩子，知道什麼是自己努力的方向。而且，今天有勇氣把自己的心事告訴我，讓我很感動。我相信你已清楚如何使自己在功課上進步。我鼓勵你回家能做到承諾的事：每天上網遊戲半小時，便開始做功課 2 小時，並且在睡覺前跟自己說：我做到了。」

最後，在晤談結束前諮商師有必要詢問案主：「你還有什麼想說的？有哪些我們沒有提到的情況？」這是結束晤談前的一種安全保障，例如，案主可能擔心談話的內容會暴露，諮商師應再給予保密的承諾；或者，案主可能需要再確認回去要做的家庭作業等。

有些案主在晤談快結束時，可能突然冒出另一個話題使晤談難以結束。如果不是緊急的問題（多數如此），諮商師可建議留到下一次晤談：「很好，我記下來，下次有足夠時間再來談。」如果涉及緊急的問題（如傷害自己或他人等），自然需要立即處理，但考慮時間因素僅能做快速處理，如說：「這很重要，你可運用我們今天談過的……方法處理，下次我們再談其他有效的方法。」或「你知道這樣做對自己沒有好處，當你想做這事前，你一定要先聯絡上我，和我談過。」等，讓案主有一個暫時性的應對方式，避免一些意外事件發生。

第八節　晤談案例

Sklare（2005）將第一次晤談的各個重要元素，整合成一個概念化的

模式（蔡翊楦等譯，2006）。本節參考他的「問題解決途徑」（如圖2.2），以某諮商案例中部分晤談內容為例，介紹其具體的應用。

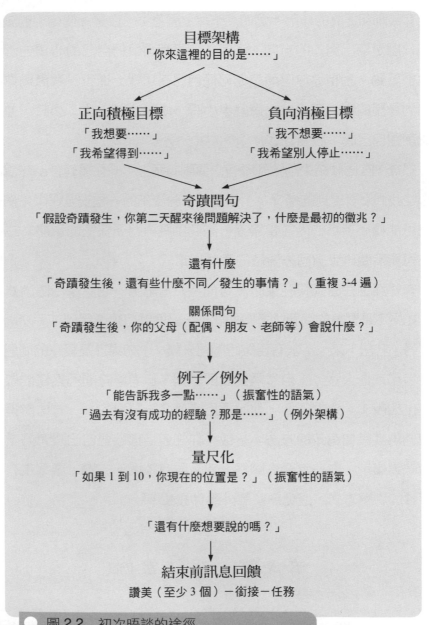

圖 2.2　初次晤談的途徑

一、案例簡介

案主：小鳳（假名），21 歲，大學三年級女生。晤談時，主要是敘述自己學習表現不好，最近一年來想到未來前途倍感焦慮，以致經常失眠。以下是初次晤談的一段對話，對話中的代碼C為諮商師，F為案主。

二、晤談過程

（一）目標架構

首先，諮商師要和案主探討改變的目標，可以經由幫助案主釐清自己想要什麼，然後引導其朝向積極改變的方向。對於案主的抱怨或期望敘述，如「我不想要……」或「我希望別人停止……」等，要將之引導到具體可行的目標上，如「我要……」或「我想得到……」等。

C：「你今天來這裡，希望我給你什麼幫助？」

F：「我對自己的學習表現感到不滿意，經常焦慮而睡不好覺，以致白天上課精神很差，更影響上課……」

C：「你所說的不滿意，能不能說得更具體一點？」

F：「和同學比較，我的成績很不好，我不喜歡自己現在這種狀況。」

C：「具體地說，什麼是你滿意的標準？」

F：「你的意思是？」

C：「我是說，有什麼可以顯示你達到自己滿意的學習表現？」

F：「那就是學期成績排名吧！」

C：「目前你在全班是第幾名？」

F：「大概在中間，全班 54 人，過去我總是排在 25 名上下。」

C：「那你認為達到第幾名才是學習表現好？」

F：「至少是前 5 名吧！」

C：「進步到前 5 名，滿具體的目標，你覺得這學期有可能達到嗎？」

F：「目前離學期末考試還有二個多月，至少要進步 10 名吧！」

C：「那好！把學習目標訂為進步到全班第 15 名，如何？」

F：「那我要如何達到呢？」

（二）奇蹟問句

在和案主討論達到目標的方法之前，運用奇蹟問句來提升他改變的動機，以及找到具體的改變證據。奇蹟問句包括三個階段：

1. 最初徵兆

找到具體和細節的訊息，典型的問句如：「如果今天晚上奇蹟發生了，明天早上醒來時，你發現問題解決了，最初的徵兆是什麼（最先察覺到的是……）？」

所謂最初徵兆（first sign）是諮商師幫助案主想像改變後的一些線索或現象，即使是很小、很細微的改變。其目的是讓案主認識到大改變是由一些小改變累積而成的。

C：「假設有一天達到了你想要的名次，你的感覺會是什麼？」

F：「當然感覺很好，很有成就啊！」

C：「如果這學期達到了你的目標，你最先會發現的不同是什麼？」

F：「你的意思是？」

C：「我的意思是當你進步到 15 名，你最先看到的不一樣是⋯⋯」

F：「主要是全班的成績排名！」

2. 還有什麼？

為了進一步激勵案主改變的動機，諮商師可以繼續用「還有什麼？」的問句來引導案主想像改變後的積極意義，其目的在幫助他思考更多可能的改變徵兆，通常至少再說 3-4 個現象或情況。

C：「還有什麼可以顯示你學習進步了呢？」

F：「上課有精神，注意力集中⋯⋯」

C：「還有呢？」

F：「老師教的都聽得懂，也能在課堂上提問題和參與討論⋯⋯」

C：「還有呢？」

F：「沒那麼害怕考試了。」

C：「還有⋯⋯」

F：「差不多了⋯⋯」

C：「好，如果這些都發生了，你的感覺是⋯⋯」

F：「那我當然很高興，感覺很幸福！」

3. 關係問句

詢問案主的重要他人對於改變的反應也是很好的激勵，引導的問句如：「誰會第一個注意到你的改變？他們會注意到什麼？」、「假如有人觀察到你的改變的話，他們會有什麼反應？那你會怎樣回應？」、「當你周圍的老師、同學、家人看到你的不同，他們會做何表現？」、「什麼時候你能夠感覺到他們對你的不同？你會有什麼不同的回應？」等。

　　C：「如果你進步了，有誰會先注意到？」

　　F：「嗯……老師吧，他會嘉獎我的進步！」

　　C：「還有嗎？」

　　F：「父母知道了當然會很高興！」

　　C：「還有……」

　　F：「那就是同學會用不一樣的眼光看我……」

　　C：「你能感覺到他們的不同，那你對他們的反應會是？」

　　F：「覺得有面子、更自信，也會更加努力！」

（三）例子或例外

　　為了幫助案主發現解決問題的方法，進一步引導案主發現自己過去一些成功的經驗（即使是很少的例外），因為改變的方法必須出自於案主擁有的能力和資源，至少是能力所及可創造的新資源。接著，諮商師還要繼續幫助案主尋找和發現多幾個例外，不只是一個例外而已。因為發展更多的例外，就能發現這些例外中有一些共通性的資源和方法，這正是可以多加強調和利用的改變方法。

　　C：「現在，請你想一想，過去有什麼是你學習表現不錯的時候？」

　　F：「我不明白你的意思？」

　　C：「比如說，大學一、二年級或中學時，你對自己學習表現滿意的
　　　　時候……」

　　F：「有啊！我上大學的第一學期就覺得自己表現不錯。」

　　C：「還有呢？」

　　F：「嗯……，我高中的時候還得過成績進步獎。」

C：「你有表現很好的情形啊！當時你是怎麼做到的？」

F：「我不太懂你的意思？」

C：「我是說你一年級時表現好和高中得進步獎，你一定做了一些努力，當時你做了些什麼？」

F：「嗯……，我會安排時間復習老師教過的內容，就能好些。」

C：「還有呢？」

F：「寫一張鼓勵自己進步的卡片，為自己打氣……」

C：「當時如果上課聽不懂呢？」

F：「我會上課前把老師要教的內容先做預習，讓自己抓住大部分重點。下課後，有不懂的地方立刻去請教同學或學長。」

C：「聽起來，你有不少好的學習方法。當時你會有焦慮的情緒嗎？你是怎麼應對的？」

F：「焦慮當然有，我就做做運動、深呼吸，讓自己心情放輕鬆……」

C：「效果如何？」

F：「準備考大學時，很有效呢！」

C：「是啊？現在也可以拿來用啊！」

F：「嗯……，也許吧！」

C：「我建議你，過去有效的不妨多做，無效的就不要做了。」

F：「你的意思是？」

C：「喔！我是說像你現在光是對自己的學習表現不滿意，造成自己焦慮而睡不著覺，這是無效的解決問題方式，對你的學習毫無幫助。而你過去有不少有效方法，為何不去多做這些有效的方法呢？」

> F：「我了解了！你的意思是說我可以把以前有效的方法拿到現在來做？」
>
> C：「太好了！你願意嗎？」
>
> F：「這樣我就能進步嗎？」
>
> C：「你過去不是證明過有效嗎？」
>
> F：「嗯……」

（四）量尺化

量尺化，如果 1 到 10，1 代表事情是很糟糕的，10 代表奇蹟發生的那天你的問題不再發生的時候，你現在在哪個位置？諮商師要給案主一些鼓勵，甚至語音語調上的鼓勵。引導案主設想改變的過程，考慮可能的障礙，如「假如在改變的過程中發生……，你會……」、「你是怎樣做到的？」、「怎樣的方式能夠讓你朝向目標更近一步？」

> C：「如果 1 是表現很差，10 是表現很好，你評估自己目前在什麼位置？」
>
> F：「大概在 5 左右。」
>
> C：「如果設定這學期進步的目標，你認為要達到……」
>
> F：「至少到 7，最好是 8。」
>
> C：「所以，你可以怎麼做？至少進步 2 個刻度。」
>
> F：「嗯……我可以像以前一樣，趕緊安排時間復習老師教過的內容。」
>
> C：「很好，還有呢？」
>
> F：「嗯，減低自己的焦慮，心情放輕鬆……，寫一張鼓勵自己進步

的卡片放在書桌上，隨時提醒自己努力。」

C：「是啊！過去是滿有效的。如果老師教的聽不懂呢？」

F：「像以前一樣，不懂的地方去請教同學或學長，上課前把老師要教的先做預習。」

C：「太好了！還有呢？你從前做過有效的……」

F：「告訴自己：盡力吧！」

C：「很棒的想法！那失眠的問題如何解決呢？」

F：「如果我像過去那樣做，我的睡眠會好一些。另外，我聽過一個講座，每天固定做半小時運動、曬曬太陽、睡不著覺時做簡單的放鬆活動，應該滿好的。」

C：「聽起來有不少好方法，你打算什麼時候開始？」

F：「今天回去後就開始！」

C：「太好了！」

（五）結束前訊息回饋

晤談結束前，詢問案主還有什麼需要補充的話，如「還有什麼想說的嗎？」、「你覺得還有什麼需要我知道的？」等。最後，給案主訊息回饋，包括讚美、銜接語、指導任務。

C：「最後你還有什麼想說的？」

F：「嗯……沒有了。」

C：「好！我覺得今天的談話裡，你不僅找回了過去的自信，而且有了清楚的目標，願意採取解決問題的行動，相信你會表現得更好。」

F：「那要謝謝你的幫忙。」

C：「關鍵是你真誠地思考自己的問題，也願意盡力去改變。我想，為了讓你的計畫一步步實現，我們下週同一時間再談一次，看看你做得如何？你願意嗎？」

F：「我很願意！我也希望你能看到我做得如何。」

C：「我很欣賞你積極的態度，開始行動吧！」

F：「謝謝！再見！」

CHAPTER 3 晤談的藝術

　　除了前一章描述的一些基本晤談技術外，焦點解決短期諮商還使用了不少特別的技術。由於篇幅限制，本章根據作者過去的諮商經驗，選擇了三個運用有效的諮商技巧：語言溝通、有意義的打斷話和 I-D-E 晤談焦點，分別介紹如下。事實上，與其說這三個技巧是晤談的技術，不如稱之為晤談的藝術，因為其有效與否完全在於諮商師的「運用巧妙存乎一心」，如果生硬操作或勉強為之，只會產生「東施效顰」的相反效果。

第一節　語言溝通

　　人類生活在一個「意義」的世界裡，生活中的事件是被參與其中的人賦予意義的，因為事件的本身並不具有意義。每個人根據其生活環境來形成事件的意義，而此意義也成為這個人真實的經驗。意義無法脫離經驗，個人的意義與經驗是在相互作用下形成的（許維素等，1998）。而語言是人們表達意義和經驗的重要工具，透過語言彼此溝通意義和經驗。由於意義可以被改變和修正，在諮商對話這樣語言性的社會互動過程中，案主的主觀世界也會被澄清並建構出來。由於個人的價值與信念

不同，同一現象可以被人們描述為不同的真實。因此，案主所講述的故事，實際上是案主在其主觀世界中選擇的一種語言描述方式和認知角度的結果。

通常案主對問題已有自己的定義（賦予事件意義），這來自其自身對環境的期待與解釋，因此他對於問題的界定往往決定了什麼才是真正的問題。而案主如何描述或看待一個問題、如何界定目標，都將會影響案主接下來所採取的行動。換言之，案主主觀的詮釋可能是問題的一部分或解決方法的一部分，而且他們對自己所採取的行動及對行動結果的描述，又會影響其下一次的行動。

因此，焦點解決短期諮商不重視探究事件的本質，更重視案主對事件的詮釋。當這些詮釋是問題的一部分時，對於案主而言，他們需要開放自己，重新認識自己。而對於諮商師而言，則要致力於透過巧妙地運用語言溝通，改變案主對問題的表達方式，將案主的問題拉回到案主和諮商師有能力解決的範圍內，踏上問題解決之路。

一、配合案主使用的語言

語言是心理諮商的主要媒介，諮商師想走進案主的內心世界，在語言溝通時要積極配合案主的用語，使案主感到被理解和接納，將有助於建立並增進諮商關係，形成一起工作的同盟。具體而言，配合案主語言的方法有兩種：

第一種方法是使用與案主一樣的語詞，尤其是那些反映出案主對其困境的獨特思考與情感的「關鍵字」，如此能夠使案主感受到自己的價值，體會到自己是被「看重」的個體，這將提供他們一種有關自我價值感的體驗。例如，案主說：「我的婚姻關係在冰窖裡」、「我活在別人

的影子裡」、「我有一種西出陽關無故人的蒼涼」等。諮商師可回應：「因為……，所以你覺得婚姻關係在冰窖裡」、「你感到活在別人的影子裡，所以你想……」、「你說西出陽關無故人的蒼涼，你的意思是……」等。在案主這種體驗被反映的同時，他們就更有可能接受諮商師接下來的引導方向。

第二種方法是引用案主的譬喻，這方法的前提是諮商師對案主所講述的內容要有較深刻的理解，能夠沿著案主的思路，運用案主的形容做進一步的詢問或假設。例如，某位案主在一個重大改變後，形容自己的狀況說：「我現在像是安然度過一次暴風雨的麻雀，但未來不知還有多少這種情況。」諮商師的回應可以是：「嗯，我也認為前面的路不可能是萬里晴空，但我相信，經過這次經驗，你現在已經是不畏風雨的老鷹了。」如果諮商師了解案主的工作或嗜好等，還可以運用案主熟知的專業術語進行比喻，例如：一個資訊科學專業的案主談到和自己女友的關係，諮商師此時適當地運用一些資訊科學的術語，如「程式不相容」、「記憶體不足」、「當機」等，會使案主感到諮商師與他很親近，自己所說的也被充分理解，從而更願意投入諮商當中。

二、引導案主朝向正面的描述

與案主建立關係後，諮商師就可以嘗試引導案主從一個新的角度思考自己的問題，並且用不同的言語來描述他的問題，從而帶出對問題、對未來的不同觀點。以下有兩個引導要領：

（一）轉化負面標籤

有些案主習慣給自己貼上負面的標籤，甚至道聽塗說地使用某些不

當的心理學概念或術語當標籤，例如憂鬱症、精神分裂症、自閉症等。諮商師應引導案主擺脫慣用的負面標籤，改用生活中常見的描述性詞語來形容自己所面臨的困難，進而引導到較正面的描述，這對問題的解決很有幫助。因此，當案主使用負面的固定標籤來描述自己或他人時，諮商師應該引導案主將這些標籤轉化為具體描述的語句。舉例而言，一個認為自己患有憂鬱症的案主會覺得自己的問題很嚴重、難以解決。如果案主慣於這個負面標籤，諮商的任務就會倍加困難。晤談時，諮商師可以運用轉化的策略，先問這個「憂鬱的」案主：「有人注意到你最近心情很沮喪嗎？」試著微妙地轉化他給自己的負面標籤，引導他改變對自身狀況的認知。之後，諮商師可進一步把「很沮喪」改成「情緒不穩定」，暗示案主也有情緒比較好的時候；或改成「悶悶不樂」，暗示他這樣情況並不嚴重，也很常見。

有時候案主使用的標籤與自身實際情況有很大偏差，諮商師運用這種轉化的技巧可以使案主的問題變得更具體明確，也有效地將案主的問題正常化或去病態化。因為，諮商師將晤談聚焦在案主做了什麼、怎樣做等明確的行為，要比處理那些抽象模糊的特質有效得多。

（二）轉換語言時態

在晤談過程中，諮商師對語言時態的選擇有助於案主創造現實感。可在初期配合案主描述使用「現在」時態，了解案主目前的問題處境，以及對問題的想法、感受等。之後，採用「過去」時態敘述問題，讓案主認識到自己的問題發生在過去。而在討論問題解決時使用「現在」和「未來」時態，引導案主解決問題的思考方向。

例如，案主認為自己的問題仍然存在，諮商師會在回應時透過改變

其所用的時態，強調案主所說的「問題」隨時可能得到解決，甚至已經在解決的進程中。又如，案主說：「我經常很難做決定」，諮商師可回應說：「所以你過去一直很難決定……」，或者「你還不是能夠很快做出決定」等。這樣的「重新措辭」表明諮商師並不認為案主未來還將被問題困擾，也不認為案主一直都是這樣而從未改變。

有時案主的敘述將所有的可能性關閉，使得改變似乎很無力。例如，一個從學校畢業二年的案主說：「我找不到任何工作，沒有一個單位願意要我。」諮商師可以這樣回應：「到目前為止，你還沒有找到工作。」此時，諮商師要保留現在和未來的可能性，但不會說：「你一定會找到工作。」這類安慰性的保證。

在晤談中巧妙地變換語言時態，對於重燃案主解決問題的信心、創造改變的可能性等都將大有幫助。

三、避免使用的語句

在晤談中，一些不當的語言應少說或儘量不說，因為很可能造成與案主語言溝通的障礙，以下有兩個諮商師要避免使用的語句：

（一）「為什麼」的語句

當發現案主的問題存在已久，諮商師可能關切地問：「為什麼現在才來？」、「你為什麼那樣做？」等。在晤談時問「為什麼」，固然可以了解案主行為背後的原因或蒐集更多訊息，但卻可能使案主覺得自己的過去一無是處，甚至感到被責備，所以「為什麼」的語句既無益於諮商關係的建立，也難以催化問題解決。類似的語句還有「怎麼會？」、「怎麼會這樣？」、「怎麼會採用這種辦法？」等。

焦點解決短期諮商關心的是「什麼」（what），而非「為什麼」（why）。當諮商師需要知道背後的原因時，可用以下語句做替代：「這樣的情況已有一段時間了，卻沒有變得更糟，這是因為……？」、「在當時的情況下，你採用了這種方式，能說說你的想法嗎？」等。

（二）「問題」的語句

在晤談時，諮商師如果過度強調問題是不適當的表達，如：「你來這裡找我，你的問題是什麼？」、「從上次談話後，你還有沒有亂發脾氣？」等。這類語句本身蘊含著問題存在的假設，前者似乎暗示案主是需要幫助的、失功能的個體，後者則可能使案主忽略問題解決的進程，輕視已有的小改變。如果非得提及問題，可用「困擾」、「困境」、「難題」、「關卡」等詞句來代替。

焦點解決短期諮商重視的是案主的健康功能和改變的可能，諮商師想了解問題或問題改變，可用以下語句做替代：「你想改變什麼？」、「你希望獲得怎樣的幫助？」、「上次談話後，你有沒有注意到，當你能夠控制自己的情緒，生活會有什麼不一樣？」等。

四、運用幽默的語句

案主嚴重的問題不一定需要以沉重的方法來解決。如果在晤談中諮商師能適當地運用一些幽默的語言，能讓晤談的氣氛變得較輕鬆自在，而且帶來的歡笑可使案主減低焦慮。這不僅增進與案主良好的關係，也使他對問題解決感到樂觀和希望，進而引發他產生積極改變的能量。事實上，一昧專注在問題上會帶來更多的問題，解決方法則引發出更多的解決方法（Littrell, 1998）。舉例而言，在一次與某位大學生的晤談中，

作者與案主探討減低考試焦慮的方法，當時案主說道：「最近不知怎麼回事！一打開書沒多久就睡著了。」當時作者突來靈感地回說：「嘿！聽起來好像不是你讀書，而是書讀你？」他聽了哈哈一笑，神情頓時輕鬆許多。從那刻開始，我們一面笑著一面討論各種解決方法，雖然其中有不少是無效或做不到的，甚至是荒誕離譜的方法，但是我們在歡笑中真的找到不少有效的方法，而且在他實際運用後，考試焦慮大幅度地降低了。

第二節　有意義的打斷話

在人際互動中，打斷別人的話被認為是一種不禮貌，甚至是有些粗魯的行為。過去很多治療和諮商學派，特別是人本主義治療就很反對諮商師打斷案主的話。而焦點解決短期諮商認為，正是由於諮商師放任案主以一種冗長且低效率的方式敘述問題，致使諮商過程常失去焦點或錯過重點，而且被一些對解決問題無益的話題拉長晤談的次數和時間。因此，諮商師不希望案主花費過多時間去重複過去挫敗的經驗、卡在消極負面的情緒漩渦中。倘若諮商師能夠了解並掌握一種技術來打斷案主的滔滔不絕但無意義的話，將節省不少晤談的時間，使諮商更加有效率。

一、何時該打斷？

由於「打斷話」一詞充滿了負面色彩，諮商師常避免做出這樣的舉動。然而，有些情況下打斷案主的話是適當且有必要的。運用時機正是邁向有效諮商的第一步，Littrell（1998）總結了五種適合運用插話技巧

的情況可供參考：

1. **戰爭故事：**有如說不完的戰爭和愛情故事，愛講陳年往事的案主喜歡可以無限制地傾聽他們敘述的諮商師。每當找到新的聽眾，他們就會像錄音機一樣重複講自己的故事。諮商師第一次聽這類的故事時，往往不會輕易打斷案主的話，甚至可能因此覺得欣慰，因為至少案主開口講話了。而當諮商師意識到案主不會停止「老太婆裹腳布」般的故事時，已經浪費了不少時間。

2. **獨白：**越是喜歡講陳年往事的案主越喜歡獨白，而喃喃自語的獨白將更快導致諮商師的厭倦。此類案主是在尋找「專業的朋友」，這種情況在一些公益或收費低廉的諮商機構很常見。一般而言，他們不會分段進行講述，習慣用「然後……」、「還有……」這類連接詞將故事串聯下去。從一件事說到另一件事，在一股腦傾吐出去之前，甚至不會停下來喘口氣。所以，如果遇到這樣的案主，一旦諮商師察覺案主敘述中間出現連接詞或者停頓換氣的時候，這就是一個運用打斷話技巧的時機。

3. **卡在情緒的瓶頸：**案主難過或痛苦而哭泣是自然的情況，但不停地哭泣則是一種需要留意的情況。因為，當案主沉溺在強烈的負面情緒中無法自拔，就很難對自己的問題有新的思考以及採取新的行動。此時諮商師適當的打斷或插話是必要且有意義的，將有助於案主脫離負面情緒的漩渦，重新審視自己的問題，從而看到更多解決問題的可能性。

4. **無關緊要的漫談：**家族治療大師維吉尼亞‧薩提亞（Virginia Satir）對這類案主做如下描述（Satir, 1972）：他們講的話漫無目的、毫無重點。與講述陳年舊事和獨白的案主不同的是，這類案

主的談話是飄忽不定、沒有方向的。遇到這樣情形時，諮商師應即時運用打斷話技術以終止案主的不知所云，幫助他回到有焦點的對話中。

5. **局限的話題：**這裡有兩種情形：那些只將關注的焦點放在他人身上的案主，他們不會去省思自己的想法、感受和行為；而相對應的，有些案主只關注自己，將他人排除在外（Ivey, 1994）。他們只挑自己的想法、感受、行為來談論。對於此類的案主，運用打斷話技巧將有助於擴展他們的聚焦範圍。

不同的案主可能呈現以上五種情形的一種，但有些案主亦可能呈現出兩種或兩種以上的混合情形。因此，在晤談過程中，諮商師應秉持彈性的態度，靈活的把握打斷的時機。當然除上述情況之外，諮商師仍應儘量不要打斷案主的話，以免案主感到不受尊重。

二、尊重且巧妙的技巧

長久以來，諮商師的訓練大多是被要求尊重案主，讓他們傾吐心聲，因而盡可能不打斷他們的話。然而，正如上述提到的五種情況，適當的打斷話技巧反而能幫助案主表達，增進諮商師與案主的對話。Littrell（1998）介紹了幾種既體現尊重又巧妙的打斷技巧。

（一）眼神運用

這種技巧引自精神分析治療大師蘇利文（Harry Stack Sullivan），是一種十分特別的間接打斷話技巧。由於精神分析師鼓勵案主進行自我聯想的述說，而直接打斷案主的話被視為是無益於治療的行為，也意謂著諮商師出現了反移情。蘇利文的做法是：當他確信案主的話離題了，

他會把原先注視案主的眼睛慢慢閉上，閉到一半時再慢慢睜開。只要案主仍繼續無意義的陳述，他會不斷的重複這動作，其目的在引導案主轉移到具有建設性的話題上。然而，Littrell 認為焦點解決短期諮商通常採用更直接的打斷技巧，很少使用這種技巧。

（二）換氣停頓間

對於那些滔滔不絕、甚至說話時呼吸沒有明顯換氣的案主，諮商師有效的打斷方式就是留意案主的呼吸，當他們稍有輕微換氣停頓之刻及時插入。Littrell 特別提到他觀察加州心理研究機構的理查·菲區（Richard Fisch）博士曾經使用的打斷話技巧：他將左手慢慢伸到頭頂上，輕拍自己的頭髮，然後迅速把手放下，並面帶微笑地注視著案主，這使案主頓時停止說話，他則利用空檔順勢問了一個問題。

諮商師一般可以採取以下打斷話技巧：首先，身體自然的前傾，然後食指微伸地抬起手，與此同時說：「對不起，讓我來確定一下是否理解了你剛才所說的？」之後，接過案主的話進行摘要或問句。

（三）澄清彼此角色

澄清諮商師與案主的角色，有助於將晤談的形式自然而然的由案主獨白轉變成諮商師與案主的對話。在諮商伊始，可以跟案主做一個簡短的介紹，包括諮商如何進行、諮商師和案主各自扮演的角色等規則。

有的案主需要諮商師隨時提醒這些規則。當有必要提醒時，諮商師可以說：「為保證諮商的順利進行，更有效地幫助你，初次晤談的時候我已經簡要介紹過一些晤談的規則。你已經跟我說了很多你目前的境況，現在我要確定一下我是否真正了解你所說的。我希望你能理解我打斷你的話是為了要澄清一些事情，有時也為了要讓你換一個角度審視你的問

題，而我做的這些都是為了提供我所能給予的最大幫助。」相信絕大多數案主都會對此表示理解，因為他們希望透過諮商獲益更多。

（四）關聯性澄清

當案主的敘述徘徊在看似無關的事例上，或者經常變換話題時，可以採用關聯性澄清技巧幫助案主（McMaster & Grinder, 1980）。這種技巧可以幫助諮商師進一步確定案主所說的是否與主題有關，對檢視目前的話題與諮商目標間的關聯性也非常有效。例如，諮商師發現案主的敘述似乎離題，可及時拉回主題：「你談的這些與你的問題有什麼關聯？」、「你剛剛說到某個人的態度，他對你的困擾有影響嗎？」、「我聽你說了好幾個事情（情況），它們之間有什麼關係？」等。

有時案主會察覺，他們所講的那些痛苦的經歷與之前設定的諮商目標並不相關，他們只是不知覺地岔到了別的話題上，而關聯性澄清技巧使他們重新回到主題上來。因此，當案主所談的事情與主題不相關時，要及時進行關聯性的澄清。然而，案主終究比諮商師更了解自己，如果案主能將當下的話題與目標聯繫起來，諮商師也應接受這種連結。此外，關聯性澄清也能增進諮商師對案主的了解。

（五）溫和而堅定的表達

打斷別人的話可以使人感到冷若冰霜，也可以使人如沐春風。當諮商師使用溫和的態度和語氣，通常能讓案主接受被打斷話的不舒適，而且樂意跟隨諮商師下一步的引導或指示。然而，諮商師溫和但不夠堅決的打斷對某些案主可能無效。因此，諮商師打斷案主的話時，可以用一種溫和而堅定的方式表達。例如：

「抱歉打斷你的話，我想知道……」

「這一點我有些不明白，你能說得更清楚嗎？」

「我有點困惑，你說的是別人的看法，我很想知道你自己的想法。」

（六）跳出情緒漩渦

　　案主沉溺在任何一種情緒當中都會大大拖延諮商進程，比如說，案主不停地哭泣，諮商工作就難以繼續進行。因此，當案主在情緒的瓶頸裡「卡住」，使用打斷話技術有時是必要的。此時非語言方式顯得更為有效，比如運用身體姿勢或空間方位的變化。例如，案主長時間坐在同一張椅子上，容易將某種情緒與這把椅子建立某種特定的連結；讓他換把椅子坐，或是站起身來活動一下，都可能幫助案主走出情緒的漩渦，達到意想不到的效果。

　　當案主持續深陷在負面的情感體驗中而無法自拔時，諮商師的從旁協助是非常重要的。諮商師想改變案主這種情緒狀態，可以如是說：「我希望你站起來一下下。」然後，自己先站起來示範給案主看。如果案主站立的姿態仍顯得很沮喪，可鼓勵他們站直些、抬頭、挺胸、做幾個深呼吸。如果有窗戶，可以打開，也可陪同案主走到窗前，和他們一起仰望窗外的藍天，引導他們想像自己期待的未來。這種從跳出當前情緒漩渦轉換到可預見的未來，可以更快地促使案主感受改變和期待改變。一旦轉換成功，案主就學會了日後如何運用自己的力量走出負面的情緒。

三、關心為前提

　　有效利用每一次晤談的時間，是焦點解決短期諮商的主要手段。當案主出現與諮商目標背道而馳的行為表現時，諮商師就要採取打斷話技術。若諮商師基於充分的專業理由使用打斷話技術，並以一種尊重且巧

妙的方式進行，將有助於案主重新聚焦主題、加速行動改變，使諮商成為一個與案主真誠互動的過程。因此諮商師適當使用打斷話技術，不會是無禮或粗魯的行為，反而更顯出對案主的關心與對案主改變的鼓舞。

第三節　I-D-E 晤談焦點

　　焦點解決短期諮商強調晤談要有中心的議題、主題或主旨，而且必須是朝向「解決」方向的內容，才不至於使諮商失去一致的路線和目標。諮商師在晤談時，所面對的可能是案主龐雜冗長或毫無頭緒的敘述，也可能是不知從何說起的沉默，因此引導他們如何進行表達，對掌握問題焦點變得非常重要，對於問題解決意義重大。

一、晤談主題

　　Budman 和 Gurman（1988）認為人類的行為雖然複雜，但可以根據一些原則將其組織成可能的議題或主題。他們根據許多短期諮商和治療中呈現的焦點，認為案主的問題或困擾大致可歸類為人際—發展—存在（interpersonal-developmental-existential）三個主題，簡稱「I-D-E」的晤談焦點，分別舉例說明如下。

（一）人際主題

　　除了極少數的人愛好離群索居外，大多數人都是喜歡親近人群和投入社會。然而每個人都是獨立的個體，有著很不同的遺傳特質、成長經驗、生活習慣等差異，因此人際關係和溝通是生活中的一門學問，甚至更有人認為是一門藝術。舉例而言，小張住進學校安排的寢室不久，就

發現自己與其他五位室友的生活習慣很不相同。他們常在晚上宿舍熄燈後仍大聲聊天、聽音樂、吃東西，讓習慣早睡的他無法入眠。他曾多次請求他們放低聲音，反遭他們嘲笑。有一天他忍受不住，和他們大吵了一架，從此與室友的關係更為惡劣。在諮商實務工作中，不少案主的問題是人際關係的困擾，從家人、朋友、同事等之間的摩擦失和，到親子、夫妻、婆媳等關係的衝突對立，有些案主甚至孤立無援，得不到任何的社會支持。事實上，即使案主的問題是關於個人的發展或存在方面的主題，仍脫離不了周遭重要他人影響這一項因素。

（二）發展主題

人類發展是貫穿一生的動力過程，每個階段都有著不同的希望、期待和其角色的要求；當我們處在人生不同階段的轉換點時，如果期望未能獲得滿足，尤其是與同年齡的人相比，未能達到他人已獲得的某種成就時，往往會產生一種不平衡的狀態，可能促使一些案主前來求助（Budman & Gurman, 1988）。從發展心理學的觀點來看，人的一生大致可分為嬰兒期、兒童期、青少年期、青年期、成人期、中年期、老年期等，每個階段都有其發展的任務，如果某一階段未能實現其任務，則可能產生該階段所謂的「發展危機」。舉例而言，王先生在其 40 歲生日前夕來到諮商室，他面帶愁容地說：「我已經 40 歲了，不惑之年回顧過去沒有什麼成就，展望未來前途無『亮』！」從他的這句話裡，可以發現王先生正面臨一個存在－發展的危機。從許多案例的背景來看，不少案主的問題與他們當時的人生發展階段有關，例如青少年時期自我探索的迷惘、青年時期職業生涯的不確定、中年女性更年期的身心變化、老年時期退休後的失落等。此外，人生發展過程中還會碰到一些關鍵點或

轉捩點，如第一次到外地就學或工作、初為人父母、轉換職業、離婚等，這些轉變都可能是影響案主目前狀況的發展議題。因此，諮商師在幫助案主解決問題時，不能忽視其當前發展的現象和需求。

（三）存在主題

　　每個人都在尋求自我「存在」的價值，並且藉由獲得他人注意和肯定、爭取權力和權利等方式來證明自己的存在。有些人雖然做出傷害性或破壞性的行為，實際上也是為了表現自己的存在。因此，一些讓自己感到存在的人、事、物如果消失，也會造成嚴重的失落感（losses）。舉例而言，劉女士遭遇到人生最痛楚的事，她的女兒因感情挫折而自殺身亡。面對愛女的離去，她無法工作，整日悲傷哭泣，覺得生活失去了色彩，生命變得空洞。人生在世，總會碰到生離死別，這種人際失落有可能進一步造成對生命意義的存在失落。也有一些案主雖沒有遇到人際的失落，但卻有存在的失落，即使他們的衣食無虞，物質生活富裕，仍覺得精神空虛、心靈孤寂，自己彷彿是不存在的「行屍走肉」，甚至產生嚴重的抑鬱或焦慮病症。此外，還有一些案主遭遇到突然而來的挫折或打擊，也會產生存在的失落，如受重傷、生重病、失業、因災難失去家園、意外事故、受到迫害等。因此，一些學者認為存在主題是許多案主問題的核心，而且他們呈現的人際和發展方面的主題都有存在意義的影子。

　　除了讓諮商有一個目標和方向外，運用 I-D-E 晤談焦點還有一個很大的功能，就是節省不少晤談時間，很快地進入案主的問題核心，進而幫助他們有效率地解決問題。舉例而言，小亮正面臨畢業後工作選擇的問題，父母希望他參加公務員考試，而自己則很想到私人企業工作，數

月來心裡一直很矛盾。在晤談時，諮商師可以根據案主的敘述內容，選擇從 I-D-E 中任何一個焦點切入，可以引導他談談個人的理想生活（存在焦點），或者和他探討獨立和依賴的衝突（發展焦點），也可從如何與父母溝通談起（人際焦點）。無論由哪一個點切入都能連接到其他焦點，因為從人際關係談起時，自然會牽涉到他發展性的問題，會聯繫到他存在性的問題，而且很可能並不是單純的一個主題，三個主題都有關係，並共同影響著案主的問題。

　　I-D-E晤談焦點為諮商師提供了一個簡捷便利的途徑，正如一位初學焦點解決短期諮商的諮商師所說：「過去面對案主敘述時，腦子裡總是不停地思考什麼是他主要的問題，這好像在案主問題的門外徘徊，不知從哪裡著手。如今我不再猶豫，無論從人際、發展或存在的任何一個門，只要推門而入便可登堂入室，很快地掌握案主的問題關鍵和解決方向，因為裡面是相通的，而且它們是息息相關的。」

二、運用流程

　　Budman和Gurman（1988）建議諮商師在尋找晤談焦點的過程中，參考他們的「發現晤談焦點的流程」圖（見圖3.1）。首先，以「為什麼是現在」為晤談的關鍵問句（見第二章第三節）開始做話題切入。然後，從案主的敘述中，尋找和選擇人際衝突、發展危機和存在失落的任何一個焦點進行晤談。如果沒有發現案主問題與上述三方面焦點有關，或者案主確定自己的主要問題就是身心症狀問題，就把晤談重心轉至症狀的焦點。案主症狀類型很多，通常不外乎不良習慣、性功能障礙、害怕、恐懼等幾種。而如果聚焦在症狀的談話中，發現案主重複出現上述任何一個或所有四方面的焦點，但沒有清楚的類型，或是他似乎有較嚴重的

人格特質上的問題，並且持續地干擾諮商過程，使上述晤談焦點顯現不出來，那就要將晤談重心轉至人格障礙的焦點。

　　同時，諮商師必須特別留意案主是否有酒精、藥物、毒品等成癮行為，如果有，必須優先關注。除了解目前成癮嚴重程度及影響之外，有必要的話須轉介至治療或戒斷機構，因為案主的成癮行為會嚴重地影響他們的生活，產生許多人際、發展或存在等問題。因此諮商師如果忽視這些成癮行為，無論如何花多少時間或努力都會徒勞無功。

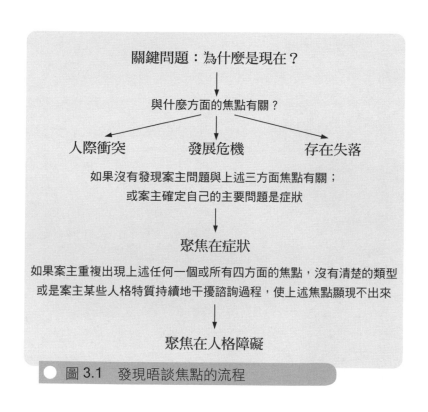

● 圖 3.1　發現晤談焦點的流程

CHAPTER **4** 後續晤談

　　焦點解決短期諮商雖然十分強調初次晤談的重要性，但並非意謂著不重視後續的晤談。第二章已介紹了初次晤談的原則和步驟，如例外架構、假設架構、改變行動，以及給予案主積極正面的回饋，鼓勵他朝著目標，並且從一小步的改變開始等。後續晤談如同初次晤談一樣也必須有一個好的晤談原則和步驟，才能讓晤談進行順暢有效，最終達到滿意的諮商結案。本章將先針對第二次晤談或可能的後續晤談，其必要性、晤談原則和引導技巧做一個完整的說明，接著介紹常被忽視但又較難掌握的重要內容：諮商結案。

第一節　晤談的進行

　　事實上，諮商師並無法預知與每一位案主晤談的次數，因為決定權在案主。雖然多數的案主需要不止一次的晤談，但後續晤談的考慮仍應視案主的態度而定。案主會藉由他們的行動和回饋，讓諮商師知道是否需要第二次晤談以及二次以上的晤談。

一、晤談的必要性

在徵得案主同意下，諮商師可根據下面三種情況進行後續的晤談（許維素等，1998；Walter & Peller, 1992）：

1. 案主相信他已有所改變，但是仍需要更多的學習（如執行家庭作業）時間。

2. 案主相信他已有所改變，但是仍需要更多時間以證明改變的成效。

3. 案主對解決問題的行動仍有一些猶豫或擔憂，認為需要更多或不同的解決策略或方法。

換言之，案主願意再來諮商的可能原因有：需要練習改變行動的時間、逐漸提升解決問題的自信、增強對自我改變的責任感、減少對諮商師的依賴等。因此，諮商師應根據案主的需求做出是否需要後續晤談的決定，晤談次數或晤談間隔等也應據此做彈性調整。

一般而言，後續的晤談與前一次晤談間隔通常為一週，然而在實際的諮商中也要考慮案主的具體情況。有些案主可能因自信不足而要求間隔較短的晤談（如一週兩次或隔三天一次），諮商師的基本原則是除非案主是緊急或危機事件處理的情況，仍應維持一週一次晤談，目的是讓案主有執行家庭作業或練習解決方法的時間。

二、晤談的原則

對大多數的案主而言，後續晤談的時間較初次晤談簡短，除非案主出現另一個重大問題或有多個案主（如夫妻、家庭成員），否則原定的晤談時間不變。

　　茵素・金・柏格和同事盧斯（Norm Reuss）在 2003 年提出一個簡稱為「EARS」的諮商步驟：引發（elicit）、擴展（amplify）、增強（reinforce）、重複（start again），這是一個便於諮商師記住的後續晤談結構，分別介紹如下。

1. **引發：** 引導案主從上次晤談後的一些積極改變情形談起，參考的用語如：「從上次談話後，你的問題是否有改善（好轉）或不同？」、「這個星期以來，孩子不肯上學的情形有改變嗎？你做了些什麼？」、「當你有了不同的表現，同事們的反應如何？」等。如果案主的反應是沒有什麼改變，可使用例外架構的引導方式，參考的用語如：「有什麼時候問題不出現？」、「這星期孩子上學了幾天？」、「同事們的反應和過去有什麼不一樣的地方？」等。若案主表示情況變得更糟時，參考的用語如：「什麼時候不是那麼糟？」、「你的情緒不是一直那麼壞吧，那是什麼情況？」、「你的老闆這星期什麼時候沒有挑剔你？」等。

2. **擴展：** 針對上述案主談到的情況，鼓勵他敘述更多具體的過程或細節，參考的用語如：「請你多說一點這改善（好轉）的感覺和想法……」、「你說有兩天的睡眠還可以，可不可以多談談那兩天的情形？」、「孩子這星期上學了兩天，是什麼情況使他願意上學？」等。

3. **增強：** 對於案主談到的積極改變或進步，給予肯定或稱讚，包括非語言的鼓勵，如笑容、點頭、伸大拇指、雙手鼓掌等。參考的用語如：「看到你的改變，真為你高興！」、「你對孩子的鼓勵做得很好。」、「你的笑容，展現出自信，繼續努力定會成功的！」等。此時，也可運用量尺化的技術（見第二章第三節），

幫助案主看到自己的改變或進步。

4. **重複**：引導案主敘述其他的積極改變或問題不出現的例外情況。
參考的用語如：「還有什麼改善（好轉）或不同的情形？」、
「還有什麼問題不發生（出現）的情形（時候）？」等。然後，
繼續回到上述的引發、擴展、增強步驟。通常，重複 3-4 次。

簡而言之，EARS 就是「引發」積極的改變，「擴展」積極改變的
效應，「增強」這些改變帶來的效果，「重複」發現其他的成功經驗。

案主通常會有一些進步或積極改變，但也有不少案主會重複出現過
去的問題或情況，而且沒有什麼例外情形。此時，諮商師要接受這種倒
退或停滯的現象，並以尊重接納的態度繼續運用 EARS 的步驟，與案主
探討這種現象，幫助他克服目前碰到的困難或突破心理障礙。參考的例
句如：「你覺得沒有改變，是不是還有什麼需要排除的障礙？」、「你
似乎還有一些擔憂使你不敢嘗試改變？我們來談談有什麼方法可以減少
擔憂？」、「其實你的孩子在進步中，只是沒有達到你的理想，你覺得
呢？」等。

再次強調，焦點解決短期諮商重視案主「一小步改變勝過一大步改
變」，鼓勵案主促進小改變的持續發生。隨著對問題的掌控能力逐漸提
升，案主對解決問題也越來越有信心，達成目標和實現願景自然指日可
待。

三、晤談的引導技巧

焦點解決短期諮商認為第二次或後續的晤談，切忌一開始就詢問案
主是否做了家庭作業，如：「你這週有沒有做到交代的家庭作業？」、

「你說當生氣時會做深呼吸和離開現場，效果如何？」、「你上次承諾睡不著覺就做學過的身體放鬆活動，做得如何？」等，因為這對案主可能造成壓力，如果他們做了承諾的家庭作業，在適當的時機他們自然會說出來，屆時再與他們討論家庭作業的效果。此時，直接詢問案主「事情變得怎麼樣？」是很重要的技巧，因為能讓諮商師了解前次晤談目標達成的程度，也顯示出與案主合作關係的發展如何。以下有四個晤談時的引導式詢問技巧，提供參考。

1. **首先，詢問：**「當你第一次來時，你的主要敘述是……（具體描述問題）。現在是否有好轉？」如果回答是，進行下一個詢問。如果回答否，詢問是否一樣。如果一樣，進行下一個詢問。如果回答否，接著詢問是否較糟。

2. **接著，詢問：**「你是否擔憂（具體地描述問題）變得較好（一樣、較糟）？」有時案主可能會出現一些其他或相關的抱怨（抱怨處理請見第二章第一節）。如果回答否，進行下一個詢問。

3. **再接著，詢問：**「上次談話到現在，你注意到了哪方面的改變（具體說明）？」、「這個改變有持續嗎？」等。

4. **最後，詢問：**「上次晤談結束後是否還有其他情況（事情）發生？」、「是否還有一些上次你沒說的事沒有處理？」、「你的改變是否有家人的支持？」等。

Sklare（2005）提出了一個簡明的「後續晤談的引導路線圖」（見圖4.1），並建議諮商師可以將此圖影印放大些，做為諮商進行時的手邊參考工具。一方面可以跟隨著案主的回答做反應，另一方面也可提醒自己掌握談話的重點，使自己不致於偏離晤談的正確方向或途徑（蔡翊楦等

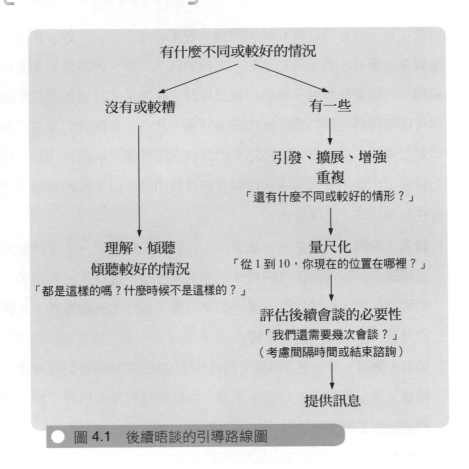

有什麼不同或較好的情況

沒有或較糟　　　　　　　　　有一些

引發、擴展、增強
重複
「還有什麼不同或較好的情形？」

理解、傾聽
傾聽較好的情況
「都是這樣的嗎？什麼時候不是這樣的？」

量尺化
「從 1 到 10，你現在的位置在哪裡？」

評估後續會談的必要性
「我們還需要幾次會談？」
（考慮間隔時間或結束諮詢）

提供訊息

● 圖 4.1　後續晤談的引導路線圖

譯，2006）。

　　由於案主對自己情況（變好、一樣或變壞）的認知，通常取決於他們認為有效改變的質與量。因此，諮商師有必要與案主進一步探討這些有效改變的細節，因為有些案主即使已發生了有效改變，卻還是認為情況沒有好轉。舉例而言，某位案主的敘述：「情形是有一些改變，但是問題沒有解決啊！」案主這種反應可能是期待有一個大改變，因而忽略了一些小改變，需要諮商師再次強調小改變的重要性，並鼓勵他去看到一些小改變（運用上述的擴展和增強原則）。面對案主對自己情況的三種認知，諮商師應如何處理，以下分別舉例說明之。

1. 如果案主的情況正在好轉，他就會期望繼續改變，諮商師只要提醒案主可能會有問題「復發」的情形，例如：「你已經開始面對自己的生活，而且採取解決行動。未來也許還會有事情不順利的時候，我們來想想如有發生可以怎麼應對。」少數案主只能模糊地描述他們有效的改變，諮商師需要對其所用的不明確詞彙加以澄清，並使用上述的「擴展」原則，鼓勵他多說一些具體的過程或細節。

2. 如果案主表示情況沒有改變或仍然一樣，諮商師則需提醒和鼓勵案主正在做對自己有益的事，而且情況至少沒有變壞，例如：「這週來事情好像並沒有好轉，你看起來有些失望。不過，我覺得你已經有了改變，因為你已開始面對學習，而且也實際去做準備，我相信假以時日你會成功的。」同時，諮商師應檢視案主是否誤解改變的意義，如有需要應加以澄清。

3. 如果案主的狀況變得更糟，諮商師無須擔憂這種不進反退的情形，因為經驗告訴我們，一些案主情況在變好之前可能先變得更糟。因此，諮商師可以與案主討論這是否真是最糟的情況，或者事情在變好之前是不是會變得更糟，例如：「我看得出你對目前情況很沮喪，但是和你前次談話比較，這好像不是最糟的情況？」、「所謂冰凍三尺非一日之寒，因此需要有一些改變的時間和耐心，此時有如黎明前的黑暗……」等。

四、晤談範例

以前面初次晤談的小鳳案例（見第二章第八節），舉例說明後續晤談的運用原則和技巧：

C：「上週你談到對自己學習表現不滿意、焦慮、睡不著覺，回去後的情形有變好嗎？」

F：「嗯……好像沒有什麼改變。」

C：「你的意思是情況跟以前一樣？」

F：「有啦！只有一點點改變，我溫習了前幾週上課的內容，雖然有幾個地方不太清楚。」

C：「是有不同啊！請你把經過再詳細地說一說。」

F：「週末我去圖書館溫習功課，做了微積分的演算，寫了一篇這週要交的讀書報告。週一和週二早上背了一些英文單字和練習聽力測驗。後來就沒繼續了……」

C：「看樣子你有一個很好的開始，還有其他的不同嗎？」

F：「週三上午我先預習了下午的課。」

C：「效果如何？我是說對下午的上課有幫助嗎？」

F：「嗯，有一點幫助，上課聽得懂老師講的內容，也比較能認真學習。」

C：「滿好的，我看到了改變，還有什麼？」

F：「這是頭二、三天，後來我就懶下來了。」

C：「你似乎有些失望，不過我覺得你已開始認真學習，而且也實際採取了一些有效方法。還做了什麼和過去不同的事？」

F：「前天我和兩個同學一起討論一些上課不懂的地方。」

C：「是一個怎樣的情形呢？請你多說一點。」

F：「我們三個人約在活動中心的咖啡店討論老師教過的微積分原理和算式，大概花了近兩個小時……」

C：「效果如何？」

F：「嗯，搞懂一些原先不清楚的地方，還是有一個地方不太清楚，我們決定上課時問問老師。」

C：「滿好的，這種學習方式你會繼續做嗎？」

F：「嗯，滿有收穫的，我以後會多找機會和同學一起討論。」

C：「還有什麼改變嗎？」

F：「沒有了，沒有什麼大改變。」

C：「聽起來你期望是大的改變，不過似乎沒達到。我認為讀書習慣是慢慢養成的，所以需要從累積一些小改變開始，你覺得呢？」

F：「嗯，也許吧！我是不是太理想化了？」

C：「我鼓勵你繼續朝著目標做改變，假以時日你會達到理想的。」

F：「真的？」

C：「經過這星期的一些改變，你的心情如何？」

F：「還是有些焦慮，不過放鬆了一點。」

C：「還有失眠的情形嗎？」

F：「還有二天吧！睡得不太好。不過我這星期去跑步了三天，做了一次睡前放鬆活動。」

C：「哇！你做了不少積極的改變。很明顯的，焦慮和失眠的情形減少了。」

F：「你覺得這是轉好的現象嗎？」

C：「嗯！我覺得你繼續用這些有效方法，相信到學期末你會達到預定的目標的。」

F：「真的？我現在有信心多了！」

C：「所以，你覺得 1 到 10，你原先說是在 5 的位置，現在呢？」

F：「現在接近 6 吧！」

C：「你看，是有進步啊！才剛開始一星期呢！」

F：「嗯！我知道了，得一小步一小步地向前進。」

C：「太好了，繼續努力！你覺得我們的約談還需要幾次？」

F：「嗯……能不能多談幾次？我希望有你的鼓勵和監督。」

C：「這樣子我們下週談過再決定是否繼續，好嗎？」

F：「好！」

C：「還有，監督可要靠你自己，呵呵！」

F：「是的！謝謝你，我下週同一時間來，再見！」

第二節　諮商結案

　　諮商結案是一個重要的階段，諮商師必須敏銳地判斷結案的時機，以及處理諮商關係結束時可能發生的一些情緒問題。諮商師有效地掌握諮商結案階段，讓案主在此階段擁有積極的感覺，肯定諮商得到的收穫，並且有信心和能力面對未來。如此的諮商結案，才能為一段諮商關係劃下美好的句點（鍾思嘉，2008）。

一、結案的意義

　　在焦點解決短期諮商中，有許多案主在第二次晤談便看到他們的積極改變，甚至問題迎刃而解，這不是奇蹟或一時僥倖，而是在初次晤談裡案主對自己的問題有了新的看法，並在晤談後採取了建設性的改變行

動。諮商師和案主的互動關係產生了明顯的諮商效果。

　　諮商師評估生涯諮商的結案要有一些根據，較明顯的情況是案主達到自己的目標，例如案主有清楚的生涯方向和行動、具體解決問題、完成行動計畫、有效面對新環境等。因此，諮商師常問：「看到你在想法上和行動上都有不少改變」、「你如何確定自己的改變可以持續下去？」、「從1到10，你以前是3，現在你達到了7，有很大的進步，你認為憑藉自己的力量，改變可以繼續嗎？」、「什麼情形會讓你知道不需要再來這裡？」等，以此評估案主是否需要繼續接受諮商或結束諮商。

　　然而，有些情況並非如此理想，例如案主因為目前經濟或家庭責任等限制不能採取立即行動，只能等到這些限制不存在後再進行改變行動。此時，諮商師主要的工作是支持案主的決定，並幫助他確認目標和未來的行動計畫。

　　事實證明，許多案主持續、真正的改變是在諮商之後發生的。為什麼？因為當他對自己的問題已經有所了解，開始採取一些行動，並逐漸形成一些良好的習慣或已做出了一些積極改變且有一些成效時，諮商就可以結束了。

　　有時，為了增強和鞏固案主的改變，諮商師可以與案主約定追蹤晤談的時間（二週、一個月或更久），屆時與案主的晤談重點將是檢視案主持續改變的情況和成效。有時，案主也會根據需要，經過一段時日後再約晤談，畢竟案主最清楚自己的需求，因為他是自己問題和問題解決的專家。

二、正向的諮商結案

　　心理諮商的目的不只是解決案主目前的問題，更希望幫助案主在日

後面臨類似的問題，甚至其他不同的生活問題時，同樣能以諮商中學習到的經驗來解決自己的問題。這種說法並不意謂著案主日後不會再有困擾或問題，或是他能解決未來所有的問題，而是案主經過一番諮商的洗禮，對於未來的自我成長（self growth）和自我管理（self management）有了更好的想法和作為（鍾思嘉，2008）。

因此，諮商結案的重點要放在增加案主的自我強度（self strength），包括支持案主的進步、肯定案主的收穫，以及鼓勵案主持續努力。諮商師對案主未來的成長要有信心，正如焦點解決短期諮商所強調的一句名言：「真正的改變是諮商結束後開始」。

結案時的談話重點放在幫助案主回顧他的進步、增強學習到的技巧、洞察收穫、了解未來可能面臨的挑戰和採取的應對策略，尤其是諮商師要主動詢問案主有關目前改變的情形，以確認目標達成的程度。以下是一段諮商師諮商結束前與案主對話的參考例子。

> 諮商師：「上次談到，這是我們最後一次談話。結束前請你談一談你的感覺，特別是如果你日後碰到類似的問題時，你會怎麼做？」
>
> 案　主：「我不會害怕面對了，我會照著這些日子所學的應對方法，而且按部就班地去實踐。」
>
> 諮商師：「所以，你認為達成你改變的目標有多少？」
>
> 案　主：「我覺得 1 到 10，我目前達到 8，我相信還可以繼續進步。」
>
> 諮商師：「很高興看到你越來越有自信，你還有什麼其他想法嗎？」
>
> 案　主：「我很感謝你給予我的支持和鼓勵，讓我對自己的能力和

　　興趣有更清楚的了解，也對所學的專業更有信心。還
　　有，我現在與父母的溝通變得更好，這是我當初沒想到
　　的收穫。」

諮商師：「我看到你現在對自己的未來充滿希望。」

案　主：「是的，非常感謝你給我的幫助。」

諮商師：「太好了！祝福你早日實現自己的理想。」

三、結案的情緒處理

　　結案不僅代表諮商努力的成果，也象徵諮商關係的結束，可能帶給案主一種複雜的情緒，包括生氣、難過、興奮、希望、失望等。諮商師要讓案主能夠抒發這些情緒，這是真誠地面對和處理自己情緒的機會，進而鼓勵案主學習自我獨立。

　　對案主而言，結案不能是一個突如其來的意外。關於何時結束諮商，諮商師要讓案主有心理準備。最好預先告知，特別是諮商機構若有諮商次數的規定，在諮商初期就必須說明清楚，如面談的次數和時間等。有些學者建議最好在諮商進行中，以計數的方式減少案主對結案的疑慮，如告知案主：「這次是我們第三次談話」、「下週將是我們最後一次諮商」、「這是我們最後一次談話」等。

　　除了告知諮商的次數外，另一個常用的有效方法是，把最後一、二次諮商的面談間的時期拉長，如原先一週一次面談改為二週或一個月一次，如此可幫助案主減少情感的依賴，並增強自我獨立的能力。

　　此次諮商關係的結束，並不表示案主日後有需要時不能再來諮商，諮商師可以一方面肯定案主的成長，一方面表達未來再來諮商的可能性，

如：「我們的談話到今天結束，這些日子以來，你的努力讓自己有很大的改變。以後如果需要幫助，你還是可以來找我。」

　　當諮商師清楚地處理案主結案的情感，可以帶領案主一個積極的結束經驗。案主對結案有心理準備，他會積極地投入結案的過程，包括傾吐自己的感受、處理自己的情緒，以及學習因應未來關係結束的情緒。大多數人的生命經驗中，結束是一種離別的殘酷事實。有些案主甚至有被遺棄的感覺，並且勾起過去痛苦的回憶。因此，有少數的案主在結束前可能會跑出另一個問題，甚至是更大的問題，此時諮商師必須堅定地回應，如果他願意，可以約其他時間來諮商。換言之，當案主願意在之後前來，這是另案處理的另一個諮商。

　　下面舉一個處理案主這類情緒的參考例子：

諮商師：「我們要結束約談了，你還有什麼想說的嗎？」

案　主：「我對結束感到有些難過，我不喜歡分離的感覺。」

諮商師：「聽起來你過去有這種分離的經驗，你願意多說一些這種感覺嗎？」

案　主：「印象最深刻的是我第一次要離家到外地讀書，我父母送我到車站的情景，至今想起還⋯⋯」

諮商師：「我了解與親人道別的心情，我自己也有這種經驗。還有其他不一樣的經驗嗎？比如說只是暫時的分手。」

案　主：「那有很多呢，比如說初中、高中畢業跟同學說再見時。反正，任何關係的結束都讓我難過不捨。」

諮商師：「你對我們晤談的結束也是如此嗎？」

案　主：「是的，我很懷念這段日子。」

諮商師：「我也很懷念與你的互動溝通，以後你有空可以過來聊一
　　　　　聊近況。」

案　主：「真的？我會來的。」

諮商師：「你現在的感覺如何？」

案　主：「好了許多。可是我真的還有一個比這問題還嚴重的問
　　　　　題。」

諮商師：「這次是順利完成，我相信你自己會更有能力處理問題。
　　　　　如果你仍有需要，請你到辦公室跟那裡的工作人員再約
　　　　　時間，好嗎？」

案　主：「嗯……好吧！」

諮商師：「再見！」

案　主：「再見！」

　　此外，諮商師必須覺察諮商關係的結束，對自己也是一個情感上較
難適應的心境，尤其與某個案主有多次的晤談或較長時間的相處。如果
諮商師對結束諮商也有如同案主對結束所產生的情緒，很可能是由於案
主不再需要自己而產生的失落感。諮商師必須對自己這種情緒有敏銳的
自我察覺和調整，避免將之帶入諮商結案中，否則可能阻礙諮商的順利
結案，也會帶給自己和案主無法預料的傷害。如果自己無法面對和處理
這種結案的情緒，最好與同事或督導討論，以幫助自己在個人成長和專
業發展上有更好的提升（鍾思嘉，2008）。

CHAPTER 5　應用指南

　　本書第二章至第四章，已清楚介紹焦點解決短期諮商的晤談基本流程和步驟。為了更有效地運用此模式，本章提出實際應用時的三個重要指導方針。首先，以諮商誤區來說明諮商師經常容易疏忽或犯錯的地方，並提出避免誤入歧途的建議。其次，介紹諮商師如何有效地進行諮商轉介（referral），使焦點解決短期諮商的精神和效果得以延續。最後，簡要摘述一些重要的諮商倫理（ethics）議題，探討心理諮商專業的理想目標和行為標準，其目的在引導實務工作者表現出公正和合理的專業行為。

第一節　諮商誤區

　　焦點解決短期諮商因其簡單易學且具有良好的時效性，受到了很多諮商師的青睞。然而在實際應用過程中，初學者有時很容易不自覺地背離焦點解決的初衷，誤入歧途或繞了很大彎路。為儘量避免此類情況發生，本節將從諮商的理念、態度、目標、方法四個方面，為焦點解決短期諮商的學習者標示出晤談中那些「不該走的路」，以提醒自己始終堅持走在問題解決的道路上。

一、理念方面

（一）陷入病理觀

　　傳統的心理諮商和治療學派，往往認定案主所呈現的問題背後存在著某種病理心理，例如精神分析學派所說的「壓抑的情結」，認知學派提出的「非理性信念」，完形學派所講的「未完成事件」等等，儘管說法不一，但無不將案主看做是有缺陷的人，甚至是需要接受長期治療的病人。

　　焦點解決取向的諮商師不會將案主看成失功能的個體，更不會將案主視為病人。包括焦點解決短期諮商在內的後現代心理學認為，語言可以影響一個人對於事實的建構，可以影響案主對於自身問題的認定。有時案主覺得自己的問題「糟糕透了」，但實際情況卻未必如他想像的那麼嚴重，這種情況就需要諮商師巧妙地運用語言，在晤談過程中重新塑造案主對於問題嚴重程度的評估，從而幫助案主發現從前未被賞識的資源，幫助其證實、展現自我能力，即使在過去負面的諮商經驗當中，也要儘量找出積極的、值得發展的部分。倘若諮商師陷入病理觀，只會增強案主面對問題時的無力感，更容易錯失注意積極行動的機會。

（二）輕易貼抗拒標籤

　　抗拒最早由精神分析學派提出，指案主在心理諮商過程中以公開或隱蔽的方式否定諮商師的分析，拖延、對抗諮商師的要求，從而影響諮商的進展，甚至使得諮商難以順利進行的一種現象（楊鳳池，2007）。一旦案主被貼上抗拒的標籤，諮商往往變得十分棘手，不但制約案主的進步，還會對諮商師造成限制，甚至挫敗。

　　焦點解決短期諮商視案主的合作為必然，認為沒有不合作的案主，只有不夠同理案主的諮商師。誠如「諮商角色與關係」（見第一章第四節）一節所說，諮商師與案主是合作互動的同盟關係，諮商目標由案主主導，諮商師藉由專業知識協助案主運用自己的能力、資源實現目標。基於二者在問題解決中的角色，焦點解決的諮商師不會去強調案主的不合作態度或行為，他們會特別關注諮商關係中具有建設性的因素並加以運用，這樣有利於營造溫暖、積極、值得信任的諮商氛圍。如果諮商師遇到案主不願談及某話題或不太願意配合某些諮商策略的情況，諮商師仍要抱持接納的態度尊重案主，對他的猶豫、顧慮表示理解，真誠地與案主討論並做適當處理。

（三）在過去的問題上打轉

　　對案主的問題給出適當的診斷是傳統心理諮商的重要環節，諮商師一般的思路是：只有了解案主的問題是什麼，進而挖掘問題形成的原因，才能「對症下藥」，著手解決問題。

　　焦點解決短期諮商取向的諮商師不必像偵探一樣，去探知更多可能與案主問題有關的訊息，避免做問題導向的分析，也不會耗費大量的時間去探討問題形成的原因。然而，這並不意謂焦點解決短期諮商漠視問題的存在，或是不讓案主敘述問題，而是與案主簡要地探討和了解問題後，引導案主覺察問題形成在過去，已成事實無從改變，因為解決的可能性存在於現在和未來，這是可以經由努力去改變的。諮商師不可能全盤理解和掌握案主的問題，也不必如此才能幫助其解決問題。諮商師重點是將著眼點放在「有用的事情上」，關注的是有利於問題解決的方法，及時發現和運用，並加以增強拓展。這也是焦點解決短期諮商較傳統諮

商具有更高效率的重要原因。

二、態度方面

（一）忽視案主反應

　　心理諮商是一個互動的過程，年輕的諮商師在實驗一項新的諮商方法時，常常在意自己能否正確運用其中的關鍵技術，是不是在適當的時候說了適當的話，有沒有遺漏某一流程等等。當諮商師將關注點放在自己身上而非案主身上時，案主輕則感到自己未被重視，重則對諮商師不再信任：「你沒有聽到我在講什麼，你怎麼能夠幫助我？」這樣的情況一旦發生，對諮商關係無疑是很大的傷害。

　　判斷諮商是否有效的唯一方式就是傾聽案主，觀察案主的反應。諮商師透過案主回饋以便及時把握、調整諮商方向。焦點解決短期諮商要求諮商師重視案主的反應，特別是案主的非言語行為。例如當案主有皺眉、沉默、打哈欠、抿嘴唇等表現，諮商師要給予及時關注，幫助案主了解行為背後的意義，例如：「剛才我們談到……（指出具體事實）的時候，我注意到你……（描述觀察到的非言語行為），能跟我說說你的感受（想法）嗎？」若諮商師忽略了案主的反應或只選擇性注意那些符合自己假設的行為，在尚未了解案主真實想法的基礎上繼續按自己的節奏前進，這對案主是極不負責任的，有可能使諮商受阻，甚至失去案主的信任。

（二）缺乏彈性應用

　　一次 50 分鐘左右的諮商如果按照規範流程操作下來，雖有章可循、有法可依，卻未必有效。焦點解決短期諮商是極富個人化的諮商，諮商

師不應將焦點解決短期諮商當成一種固定模式，更不能要求案主按照「療癒的劇本」演出。每次晤談中，諮商師與案主要一起評估他們做的事是否有幫助，如果有助於案主進步，他們便朝這個方向繼續走下去；如果沒有幫助，諮商師就要結合案主的反應，與其討論做些修改，適時調整諮商方向。

（三）隨案主起舞

　　焦點解決短期諮商固然相信案主是他自身問題的專家，相信只有案主知道傷痛在哪裡、該往何處走、關鍵問題是什麼，諮商師甚至將案主視作諮商過程的嚮導。然而，這並不意謂著諮商師將在晤談中被案主「牽著鼻子走」。當案主深陷在負向的情緒漩渦當中，反覆講述那些痛苦的經歷，或是晤談內容漸漸背離諮商目標時，諮商師有必要打斷案主的敘述，引導案主走上目標導向、解決導向之路。運用該技術要以尊重為前提，還要注意把握時機，具體方法已在「有意義的打斷話」（見第三章第二節）一節介紹，此處不再詳述。

三、目標方面

　　儘快確定諮商目標在焦點解決短期諮商中有著重要意義，Sklare（2005）認為在初次晤談中確認目標，是有效諮商結果的最佳預測因素（蔡翊楦等譯，2006）。在實務工作中，諮商目標方面常見的問題有三種。

（一）沒有目標

　　這是很糟糕的情況，試想：如果你不知道目的地在哪裡，你如何知曉你是否走對了方向？怎樣確定目前所做的和目標之間有何關聯？又怎

麼知道你已經抵達了終點？諮商師需要幫助案主澄清經由諮商想要達成的目標為何。當雙方都對諮商目標感到不確定、甚至意見相左時，整個諮商會變成漫無目的的漂流，甚至擱淺在某個細小的支流，效果可想而知。只有明確了諮商目標並對其保持高度專注，才可能使諮商堅持主軸路線，避免被其他刺激有趣的訊息所吸引，使得問題解決途徑迂迴曲折。

（二）目標不清

這是很常見的現象，當諮商師問及案主的目標時，得到的回應很有可能是廣泛的抱怨，比如：「我真的受夠了，再這樣下去我會瘋的」；或是模糊的希望，比如：「我只想過一種平靜、幸福的生活」。這樣的案主其實已有了大致的方向，諮商師要做的就是藉由具體化技術將模糊詞彙轉變為清楚的行動。焦點解決短期諮商所要制定的目標必須是具體、明確、可測量的，這有利於諮商師和案主雙方掌握諮商進程，也有利於評估諮商效果。

（三）自以為是的目標

此類目標需要引起諮商師的重視。在心理諮商的晤談中，諮商師最基本的任務就是聆聽案主所關心的事，諮商師尊重案主欲求，而非要案主接納諮商師認為案主所需要的。焦點解決短期諮商設定的目標必須是案主的目標，或至少是經諮商師和案主共同協商並取得案主同意的目標，而非諮商師的目標。他人設定的目標可能會因被迫或出於禮貌而順從，但通常案主難以付出努力，往往會找很多藉口或理由來阻礙它，即使目標達成也不會覺得成功。

四、方法方面

（一）徒勞無功的方法

　　相當一部分陷入困境的案主並非從未做出改變，他們也很努力地嘗試一些解決問題的方法，但問題並沒有得到解決，案主甚至因此感到更加無能為力。焦點解決短期諮商秉持「有效的多做，無效的就停止」這一原則，對於這類案主，諮商師可以說「這樣做對你幫助不大，那能不能想想看，哪些事可能會有幫助呢？」使案主儘快脫離舊有的行為模式，因為除了已經被案主反覆驗證為無效的方法之外，其他方法都有成功的可能。

（二）重複無效的諮商方法

　　心理諮商對有些案主而言並不陌生，有的案主甚至久病成醫，像是「半個諮商師」。當諮商師面對轉介過來的案主，或是當案主談及先前的諮商經驗時，對於先前諮商師的做法不應予以置評。焦點解決短期諮商的諮商師要堅持解決導向的精神，當所做的事情沒有效果時，就不要太過執著。多做真正有效的事，這不僅是給案主的建議，也是給諮商師的提醒。

（三）老生常談的建議

　　諮商師的任務並不是說服案主接受主流文化所認為「更健康」的觀點，案主身邊的重要他人想必已經說過很多這些觀點。倘若諮商師也是如此，案主會覺得自己並未受到重視，諮商師和其他非專業人士也無多大差別。這樣一來，案主對諮商師的信任會大打折扣。Rossi（1980）認為，案主需要的是諮商師創造出一個治療情境，讓他能夠以最適合自己

的生活方式，運用自己的想法、理解與情緒。焦點解決短期諮商更是充分相信案主擁有解決自身問題的能力，鼓勵案主自己制定出改變的行動計畫，不會給予過多的指導和建議。

第二節　諮商轉介

　　心理諮商師並非萬能，在實務工作上總會有一些案例是個人能力不及或需要專門的治療，因此把案主轉介到更適合的專家或機構是無法避免的事實，也是有關身心健康專業之間必要的分工與合作。例如，諮商師把有嚴重心理疾病或人格障礙的案主，轉介至臨床心理治療師或精神科醫師進行治療。同樣的，也有臨床心理治療師或精神科醫師將病患轉介給諮商師進行晤談的案例。

　　站在焦點解決短期諮商的立場，有效地運用轉介單至為重要，除了避免重複的晤談內容造成時間的浪費，能使案主的改變及諮商的效果得以延續。因此，諮商師運用下面簡要記錄的轉介單，會對接受轉介的專家或機構在後續的治療有很大的幫助。轉介單內容除了對案主的主要問題或困擾有一個基本的說明之外，也包括目前案主的改變情形，尤其是案主積極改變的可能和成功經驗。同時，真誠地描述諮商後一些未解決的困難和建議。轉介單最後的量尺化評估，其目的是為了幫助接受轉介的專家或機構清楚了解到案主已改變的情形，並能關注其可能改變的目標。

諮商轉介單

案主姓名：　　　　　　　　　諮商師姓名：

日期：

轉介至＿＿＿＿＿＿＿＿＿＿＿＿＿＿＿＿（機構或個人）

一、案主的主要問題或困擾

二、已完成的諮商目標和理由

三、未完成（未解決）的諮商目標、困難（障礙）

四、以 1 到 10 量尺評估以下三項案主的改變（1 為最低，10 為最高）

案主目前的狀態為：

案主預定達成的目標為：

案主的最佳改變可能性為：

以下舉一個青少年案例，說明如何簡要地填寫轉介單的內容。

案例：陳家寶，13 歲，國中一年級男生，由父母陪同前來接受諮商。據

其父母敘述孩子最近常因生氣或不如意而有暈倒和嘔吐的情形，而且半年來經常有翹課和拒絕上學的情形。經過與案主晤談 2 次並和其家長晤談 2 次後，案主的問題已有一些改善，但由於諮商師察覺案主似乎有一些注意力障礙和過動症的傾向，決定轉介給這方面的專家加以診斷和治療（基於諮商倫理原則，轉介單上所有的姓名均為化名）。

諮商轉介單

案主姓名：陳家寶　　　　性別：男　　年齡：13 歲

職業或教育程度：國中一年級學生

轉介日期：2013 年 3 月 21 日

諮商師姓名：王美美

轉介至：靜心醫院張大華醫師

一、案主的主要問題或困擾

　1. 經常以暈倒、嘔吐的方式，反抗父母權威及獲得父母的注意力。最近半年來親子關係緊張，時有衝突。

　2. 由於經常請假，致使學習落後，導致這學期經常有翹課、拒絕上學的情形。

　3. 疑似有注意力障礙和過動症。

二、已完成的諮商目標和理由

　1. 與案主諮商 2 次，了解其不願上學原因和幫助其發現學習樂趣，並和學校老師溝通，增強其來校學習的動機，並利用課後為其補課，成效尚佳。翹課情形減少，但平均每週仍有一、二天拒

　　絕上學。

2. 與案主父母諮商 2 次，並討論應對孩子反抗權威和獲得注意力的方法。案主的暈倒和嘔吐情形已逐漸減少，從過去一週 4、5 次減至一個月 2、3 次。

3. 案主母親接受建議參加父母效能訓練課程，目前與孩子的溝通漸佳。

三、未完成（未解決）的諮商目標、困難（障礙）

1. 案主疑似有注意力障礙和過動症，致使其學習落後而造成心理挫折，可能是其翹課和拒絕上學的原因。因此，有待醫師做專業診斷，並提供相關的治療和訓練。

2. 案主曾有暈倒和嘔吐的習慣性行為，雖已有大幅改善，仍建議給予一次詳細的生理檢查。

四、以 1 到 10 量尺評估以下三項案主的改變（1 為最低，10 為最高）

　　案主目前的狀態為：6

　　案主預定達成的目標為：8

　　案主的最佳改變可能性為：9

第三節　諮商倫理

　　一個行業的倫理規範源於社會的期許，並在法律和道德的約束下，經過該行業人士對實際情況案例的研討、守則的發展和不斷修正而形成。心理諮商行業的倫理規範也是如此，而焦點解決短期諮商的規範亦無出

其右。本節將簡短地討論有關心理諮商的幾項倫理原則，以幫助實務工作者理解專業倫理的重要性，提升其自身倫理責任感。

一、諮商倫理的重要性

　　心理諮商師與案主是一種特殊的人際關係，這種關係必須有一定的倫理準則為保障。對於心理諮商師而言，在諮商的過程中，保證案主不受傷害是最基本的前提，其次才是提供專業幫助，緩解案主痛苦。心理諮商之所以能夠行之有效，其關鍵除了諮商師必須具備專業理論和技能外，還有案主對諮商師的充分信任。此外，諮商師能夠正確的履行專業職責，遵循相關的倫理原則，正確處理工作實踐中遇到的各種倫理問題，亦至關重要。這不僅關係到案主權益的保障，甚至關係到整個心理諮商與治療行業的健康發展。

二、多元文化的視野

　　現今，人們生活在一個多元社會當中，其中涉及文化、宗教、種族、能力、性別、性取向、教育水準及社經地位等內容。在此一背景下，心理諮商師對人類經驗和文化多樣性所持的態度為何，已被納入倫理議題。諮商師與案主的價值觀差異越大，諮商過程中就需要雙方付出更多的努力來建立相互信任與了解的關係。當諮商師與案主的文化、種族或階級有顯著的差異時，諮商師須意識到自身的價值觀可能束縛自己的覺察，忽視不同文化的差異性，會使自己深陷一些慣性的假設中。

　　心理諮商初學者由於文化經驗受限，在許多案例中便不自覺地將自己的價值觀強加在案主身上：當案主對諮商師所採用的諮商技術沒有反應時，諮商師便或多或少認為這是案主的原因，如缺乏改變的動機或對

尋求專業幫助的「抗拒」。諮商師可能認為自己並沒有偏見，但是所抱持的許多刻板的信念仍對諮商實務工作有深遠的影響，例如，一個諮商師認為：「每個人都有選擇的權利，主要取決於他們是否願意改變他們的生活」，這不免有過度簡化之嫌，因為有些案主可能並沒有如此寬廣的選擇權力或機會，許多環境因素並非案主所能控制。倘若忽視案主自身價值與態度的多元性，諮商師將使自己成為批評者。強加給案主的世界觀不僅造成負向的治療結果，同時還構成違反諮商倫理的作為。

　　雖然，當面對文化背景相去甚遠的案主，轉介有時是諮商師的適當選擇，然而轉介不應被視為解決諮商師缺乏多元文化視角的途徑。諮商師可以透過培訓、督導等等方式，學習處理與自己不同性別、種族、年齡、文化、社經背景或性取向的案主，但需要注意以下幾點：首先，諮商師必須在學術及實務上都接受過多元文化訓練；第二，以案主與諮商師都同意建立一個諮商關係為前提；第三，諮商師最好能對不同的情境彈性的運用理論與技巧；第四，在多元文化諮商中，案主更有可能顯現懷疑與不信任，諮商師必須抱持開放的態度面對挑戰；第五，在多元文化諮商情境中特別重要的是，諮商師必須能覺察到自己的價值（王志寰等譯，2004）。

三、基本倫理議題

（一）知後同意

　　在提供心理治療之前，治療師有責任向案主說明心理治療的利弊得失與風險，包括治療所需的時間和費用、可能的治療方式與類別。治療師不應向案主做出不實的承諾，也不可誇大治療的效果或隱瞞治療可能帶來的消極影響。根據台灣心理學會的心理學專業人員倫理準則第七條

心理治療與諮商第一項：「心理治療（或諮商）開始時，心理治療（諮商）師應清楚告知當事人（或其監護人）實施心理治療（或諮商）之理由、目標、過程、方法、費用，及雙方應有之權利義務，並以口頭或書面方式，澄清當事人（或其監護人）對於心理治療（或諮商）的所有疑問。」知後同意並非是一個靜止的原則，它實際上是一個動態的循環過程，貫穿於整個心理治療過程之中。心理諮商師在對案主進行工作時，也應與案主對工作的重點進行討論並達成一致意見，必要時（如採用洪水法、嫌惡療法等）與案主達成書面協定。

（二）保密原則與保密例外

諮商中的保密原則能夠增加案主的安全感，使其可以更快信任諮商師，透露更多訊息。在開始建立治療關係之前，以及治療過程中出現新情況時，治療師必須和案主討論保密的原則和限制。台灣輔導與諮商學會的諮商專業倫理守則中規定諮商機密（2.3）為：「基於當事人的隱私權，當事人有權要求諮商師為其保密，諮商師也有責任為其保守諮商機密」（2.3.1）；然而，保密也有其限制，如當事人若透過法律代表決定放棄、涉及當事人或其他第三者的危險性、負有預警責任時、法律規定、當事人有致命危險的傳染疾病、評估當事人有自殺危險時、當事人涉及刑案時等特殊情況（2.3.3）。

（三）雙重（多重）關係

單純的諮商關係有助於心理諮商的實施，一些倫理守則在說明應避免專業工作中的雙重關係時，指出了雙重關係可能造成的危害。美國心理學會（APA）不贊成雙重關係的理由是認為雙重關係有可能會損害心理學家的客觀性、能力或效率，從而影響其工作的效果或者直接對案主

造成剝削或傷害。而美國社會工作學會（NASW）倫理守則認為雙重關係對於案主有剝削風險和潛在傷害，因此應當避免。

　　對於雙重關係最常見的是劃分成兩類，即性雙重關係和非性雙重關係。不管是倫理守則還是調查研究都認為，性雙重關係會損害治療關係並且使案主受到傷害，應該明令禁止。業內最普遍的觀點是，心理治療師至少在治療終止後的一段時間內不可以與前案主發生性關係。對於「時間」的規定，各專業組織的倫理規範不盡相同。美國心理學會倫理守則的限制是 2 年，美國諮商學會（ACA）的限制是 5 年。

　　對於非性的雙重關係，各專業組織的倫理守則其態度和定義均留有餘地。一方面是因為非性雙重關係其危害不如性的雙重關係那麼明顯和直接；另一方面則是因為非性雙重關係涵蓋甚廣，又常常是不可避免的，在有些情況下，還可能是有益的。因此，專業諮商師經常會面對與非性的雙重關係相關的倫理難題和困境。

　　美國諮商學會的倫理守則，對發生雙重關係所要符合的具體要求和規範提供參考：「當諮商師與案主或過去案主的非專業接觸是有益的時候，諮商師必須在案例記錄中備註並證明這一點，（如果可能的話）在發生這種接觸之前先推論出，該關係對案主或與案主深度涉入的其他人有什麼潛在的獲益和可能的結果。這樣的關係要求事先徵得案主的同意，如果該關係對案主產生了無意的傷害或是對其深度涉入的他人造成傷害，諮商師必須出示試圖補救傷害的證據。具有潛在獲益的雙重關係的例子包括（不僅限於此）：參加正式的典禮（例如婚禮／畢業典禮）；購買案主／過去案主的服務或產品（過度購買除外）；去醫院探望生病的家庭成員；在專業的協會、組織或社區中有互動的成員關係。」

（四）諮商記錄與保存

　　無論從倫理、法律、還是臨床的角度來看，適當保存案主的記錄對心理諮商師而言是非常必要的。保留案主的諮商記錄具有雙重目的：一方面為了對案主提供最佳的服務；另一方面，萬一涉及法律訴訟，可以對實務工作者提供一個基本的保護。當然，即使心理健康工作者採取合理的行動及保存很好的記錄，也不能完全保證實務工作者不會遭遇訴訟。有關諮商記錄的具體內容並沒有統一明確的規定，一般而言，記錄包含案主基本訊息、身體狀況、初談記錄表、心理測驗結果、對治療的知後同意、案主主要呈現的問題、診斷與預後、現存的諮商計畫、轉介的檔案記錄（有此情形時）、精確的晤談時間及日期、結案摘要等。

　　案主需清楚地知曉蒐集的資料只用於心理諮商，且有權查閱這些資料記錄。因此，諮商師記錄時應區分客觀的事件（言行表情）和主觀的猜測解釋，防止把「可能性」等同「事實」。諮商師也要在任職機構制定處理記錄的相關政策和程序，例如，避免透過網路傳遞記錄，統計時不顯示當事人姓名等。

四、致力於案主福祉

　　各行業的倫理規範和守則往往僅能提供一般性的參考，在面對複雜的情境時，這些守則並不一定都適用。心理諮商的倫理守則亦是如此，而且會隨著案主的不同而有應用上的差異。因此，諮商師倫理意識的發展，是專業成長過程中一個無止境的任務，面對倫理問題的選擇也並不是一個單純的如何作決定的事情。總而言之，諮商師在實際工作中必須對各種倫理議題保持開放的態度，不斷地省思如何在每一個當下對案主未來福祉做出最好的決策。

CHAPTER 6 成長路上

　　對諮商師個人和專業而言，從事諮商工作是一個學無止境的歷程。焦點解決短期諮商的發展也在成長中，目前不僅廣泛地運用在社會諮商機構、醫院和學校，而且在兒童、青少年、上班族，甚至在精神病患身上也有很好的療效。當然，焦點解決短期諮商並不完美，也有其缺點或不足之處，本章為幫助使用者彈性地應用其模式，為自己專業成長開啟更廣闊的視野，簡要描述焦點解決短期諮商的發展趨勢，並提出一些在運用上的問題思考和建議。最後，以近年來日益受到重視的「全人發展」觀念，做為與助人工作者的相互期許和鼓勵。

第一節　發展趨勢

　　近 20 年來，焦點解決短期諮商在許多歐美先進國家受到高度的重視，許多專業諮商和治療機構參考美國密爾瓦基的短期家庭治療中心的模式，建立了自己相當完善的治療體系。焦點解決短期諮商之所以受到如此歡迎，主要是現代社會強調經濟效益的緣故，而且許多的學者和實務工作者在此模式基礎上，也不斷地運用他們的想像力和創造力，發展出許多新的方法和技術以符合求助者的需求。本節首先簡要敘述焦點解

決短期諮商在今日心理健康的服務和研究發展，其次介紹一個適合中小學應用的簡易式諮商，最後探討焦點解決短期諮商與其他療法的結合情形。

一、心理健康的服務

受到全球經濟危機的影響，致使許多國家的醫療補助、健康保險、個人收入等大幅縮減，而焦點解決短期諮商和治療的出現，對他們的心理健康服務產生了革命性的改變。舉例而言，焦點解決短期諮商和治療已被美國聯邦政府確認為一個有效的療法，並陸續被一些州政府認可。其他西方國家雖尚無正式的立法認可，但實際上焦點解決短期諮商和治療已經顯著影響他們的精神治療和心理治療領域。同時，這種趨勢也要歸功於許多焦點解決模式的實務工作者致力與心理健康的主流融合，以謀求案主最大的福祉。例如在英國，焦點解決模式已經形成了良好的醫療體系，數以萬計接受培訓的工作者都在各盡其職（駱宏等譯，2011）。

焦點解決短期諮商和治療模式雖然早期創自於家庭治療，然而近年來在一些歐美國家不僅運用在社區中心和醫療機構，而且推展到司法部門和監獄單位、各級學校、社會福利機構和企業組織等。在家庭暴力、青少年犯罪、藥物濫用、酗酒、自我傷害、兒童保護、企業員工協助、職業健康心理、企業諮商等領域，也受到相當的重視和肯定。

此外，焦點解決短期諮商和治療在研究上也有著豐碩的成果，從1994年到2006年為止的評估研究發現，已有50項的相關學術研究和39項的小型研究成果發表，而且均顯示較過去一些心理治療學派的效果要好（駱宏等譯，2011）。同時，不論是在治療結果研究（outcome study）或歷程研究（process study）方面，不論從精神病患者、心理困擾

者或成人、青少年、兒童、性別等不同的研究證據來看，焦點解決短期諮商和治療都獲得不少顯著的成效。而且從 2006 年至今，不僅在歐美國家和地區，在亞洲國家和地區相關的研究和博碩士論文發表也不少，可說是不勝枚舉，顯示焦點解決短期諮商的研究方興未艾，仍有很大的發展空間值得開拓。

二、簡易式諮商

Kral（1994）針對中小學諮商師的需要，發展了焦點解決短期諮商的簡易模式，將諮商晤談的時間縮減至 15 或 20 分鐘，因為多數學生只有課間和午休才能前來晤談。除非特殊狀況，許多老師也不願學生耽誤學習而同意學生利用上課時間做諮商（引自蔡翊楷等譯，2006）。此外，對於不能專注或持續注意力較差的案主，如注意力障礙、過動症、幼兒和小學低年級等，一般晤談 50-60 分鐘的時間很難順利進行，而 20 分鐘左右的晤談簡易諮商可能較適合（蔡翊楷等譯，2006）。

Kral（1994）建議運用簡易諮商的流程先從評量問句開始，而且認為對中小學生和幼兒而言，百分制的量尺比 10 點量尺較適合，因為這是他們熟悉的計分方式。而且如果以 10 點量尺方式，較難讓他們體會到進步的情形，如從 3 到 3.5 尺度單位太小，感覺進步很小。而運用百分制較能讓他們感覺進步的幅度，如從 30 分進步到 35 分（蔡翊楷等譯，2006）。一般而言，有以下五個步驟：

1. 諮商師在晤談開始不久就很快地用評量問句來引導案主，例如：
   「你覺得現在學習的情況不好，如果 0 代表很糟，100 代表很好，你認為自己目前是幾分？」、「你說對考試感到很焦慮，如果 100 代表焦慮達到最高，0 代表完全沒有焦慮，你在哪個位置？」、

「說說你和父母的關係，如果 100 是很好，0 是很差，你覺得現在是多少？」、「如果要你做評估，你認為同學喜歡你的程度是多少？0 是很不喜歡，100 是很喜歡，50 代表中等。」等。

2. 等待案主表達出自己估計的分數後，諮商師運用例外架構幫助案主發現過去的例外或成功經驗，例如：「你說現在學習是 65，那過去有沒有高過 65 的情況？」、「你現在對考試焦慮的程度是80，從前有不那麼焦慮的時候嗎？比如低於 60 或 50？」、「你覺得現在和父母的關係在 70，在小學時有 80 以上的關係嗎？」、「你評估同學喜歡你只有 50 左右，過去有超過 60 的情形嗎？」等。

3. 當案主舉出過去一些例外或成功經驗後，諮商師引導其更詳細地描述當時的情形或經過，例如：「你過去學習有高達 85 的時候，當時是什麼情況？你是怎麼做到的？」、「你以前對考試沒有這麼焦慮，你估計頂多只在 40 左右，請你說說那些焦慮沒那麼高時，你是怎麼應對考試的？」、「你和父母的關係在小學五年級之前有高達 90 以上的情形，當時和現在有什麼不同的情形？」、「過去的同學喜歡你的程度有 72，那是怎麼樣的一個情況？你想原因是什麼？」等。

如果案主表示目前的分數就是自己達到的最高分，諮商師可詢問他們過去最低曾拿過幾分，藉此幫助案主看到自己比以前已有進步，進而和他們討論運用了哪些內外在資源達到目前的分數。例如：「你現在學習情形是 60，以前曾有低過 60 的時候，我想你一定做過一些努力達到現在的程度？請你說說你做過的努力」、「你說一向面對考試都有高焦慮，以前最高時曾達到 90 以上，比起現

在的 80，你的焦慮降低了不少，你一定用了一些方法，那是什麼？」、「你和父母關係大都是平平的 60 上下，不過你又說曾經有更差的時候，現在看來好像改善了不少」、「你同學有很不喜歡你的情形，甚至低到 20 的程度，現在比起過去似乎好了許多」等。

4. 當案主舉出一些例外情形或成功經驗時，諮商師要即時肯定他們過去的表現，例如：「我很欣賞你用過不少成功的學習方法，有些方法現在拿來用應該仍有效」、「聽起來你如果考前多花一些時間溫習，並在翻開考卷前先做幾次深呼吸，可以幫助你降低不少焦慮」、「不跟父母頂嘴、出門前告訴他們去哪裡、晚回家記得打電話、對他們的關心不認為是嘮叨，這些會使你和父母的關係改善許多。你過去做得很好啊！」、「你說如果自己經常洗頭洗澡，身上不發出異味時，同學會較願意接近你，這是一個很好的覺察！」等。

5. 最後，諮商師提供訊息或安排家庭作業，鼓勵他們離開諮商室後多做過去有效的行為，例如：「回去以後，多做一些你過去幫助自己學習的方法，你的學習會有進步的」、「你降低考試焦慮的方法滿有用的，提醒自己繼續做，效果會越來越好」、「要你和父母的關係一下子回到從前不太容易，假設先從提升 10 分的目標開始做起，你可以做些什麼？」、「除了讓自己保持整潔衛生外，還要不懷疑別人背後說自己閒話、不亂發脾氣、主動幫助同學，你願意做嗎？」等。此外，鼓勵案主把自己的積極想法和行為簡要地寫在一張小紙卡上，在需要時如同錦囊般拿出來提醒自己，常不失為一個良策。

後續的晤談時間可能更簡短，主要是和案主討論進步的情形，步驟和上述後續晤談介紹的內容相似。有時，對於中小學生只需 30 秒的時間，在校園任何地方碰到時，以簡單言語或非言語（如手勢或笑容等）肯定他們的進步和鼓勵他們繼續努力。如果諮商師和案主約定一個簡單的鼓勵動作，如豎起大拇指、勝利的手勢、握拳、拍拍胸膛等，多數學生會很喜歡這種與諮商師之間特定的默契。然而，如果某個案主的分數出現明顯停滯或下滑情形時，諮商師則有必要和他再約晤談時間以了解原因，並協助其朝著積極改變前進（蔡翊楨等譯，2006）。

三、與其他療法的結合

目前，有許多其他諮商和治療的學派接納和融入焦點解決短期諮商的理念和方法，例如認知治療和行為治療等雖有各自的獨特理論和技術，但採用焦點解決短期諮商的積極治療觀點和經濟有效的療程等情形越來越多。而且焦點解決短期諮商模式不僅與近年來盛行的正向心理學（Positive Psychology）、正念（Mindfulness）等在理念上有一些不謀而合的觀點，更有不少實務工作者把這模式與眼動減敏與歷程更新（EMDR）、催眠治療、敘事治療、遊戲治療等做了很好的結合運用。相對地，如果情況需要，焦點解決短期諮商的實務工作者師也很樂意結合其他諮商和治療模式到自己的工作中（Milner, 2001）。

事實上，今日的心理諮商和治療學派的發展已進入了一個「殊途同歸」的時代，大多數的實務工作者不再是「壁壘分明」地標榜自己為某個學派的專家，而是綜合各家治療方法的使用者；不僅根據案主的情況來調整自己的諮商策略，並且更有彈性地運用各種有效的技術和方法。而焦點解決短期諮商模式正是符合這種時代的需求，也是其受歡迎的主

要原因之一。展望未來的發展，鼓勵焦點解決短期諮商的使用者在「實踐中研究」來建立自我的諮商風格，更進一步在「研究中實踐」去開創諮商專業的新天地。

第二節　問題思考與建議

焦點解決短期諮商受到廣泛的歡迎和肯定，有其自身的優點和長處；但不可諱言的，它也有缺點和限制。遺憾的是，一些學者在發表的研究和文章中過於誇大其療效，致使一些實務工作者迷信其神奇功效而不加思索地使用。殊不知這種情形不僅對焦點解決短期諮商的發展有所阻礙，而且極可能讓使用者有走火入魔的現象。

正如沒有一個心理諮商和治療理論可以解釋人類的所有問題或困擾，也沒有一個心理諮商和治療技術敢說有「放諸於四海皆準」的療效。舉例而言，有些案主從短期諮商所獲得的幫助有限，他們需要長期的諮商，特別是一些精神疾病患者還必須住院、服藥。

以下綜合一些相關書籍、研究文獻和實務經驗，對焦點解決短期諮商模式在實際運用時的一些問題進行省思，並提出相關建議。

一、同理的適當運用

焦點解決短期諮商強調諮商師和案主的同盟關係，那只是建立了初步的諮商關係，而且很少提及同理（empathy）一詞和其意義。雖然，笛夏德曾表示自己在治療時確實同理案主，且認為很難將同理以文字呈現出來。相較之下，它不如一些人本主義諮商和治療學派對治療關係重

要性的強調。平心而論，焦點解決短期諮商師為了儘快地幫助案主，有時在晤談初期過於專注在目標架構和問題解決等內容，對於與案主諮商關係的建立和發展確實顯得有些不足，特別是面對一些非自願、抗拒或不善於言詞等類型的案主。

要讓這類的案主對諮商師產生信任通常需要較長的時間，因此諮商師要大量地運用同理心技巧，才能建立所謂的同盟關係。換言之，諮商師不能為求迅速解決問題而忽略發展與案主的諮商關係，唯有贏得案主的合作，才能進一步引導他們進入目標架構和問題解決階段。

二、案主情緒的適當處理

焦點解決短期諮商師雖然接納案主表達感受，但認為讓案主宣洩情緒容易使其陷入負面的情緒漩渦裡，對問題解決沒有建設性的意義。這個幫助案主早些脫離負面情緒的觀點固有其道理，但有些學者批評焦點解決短期諮商似乎過於重視行為的改變，難免忽視案主的情感層面。對於焦點解決短期諮商漠視情緒的批評，笛夏德等人提出強力的回應：情緒是個人內在經驗的表達，必須透過與他人互動的觀察和詮釋過程來了解，所以情緒是一種間接觀察到的活動（activity）；焦點解決短期諮商並非不重視情緒，而是將情緒視為諮商互相影響的一部分（de Shazer & Miller, 2000）。因此，焦點解決短期諮商師從未企圖直接改變案主的情緒，他們認為情緒可經由態度或行為的改變而有所轉變。

然而，對某些案主而言，控制情緒本身比控制產生情緒的想法或行為來得有效（Littrell, 1998），尤其是遭受嚴重打擊或創傷的案主確實需要適度的情緒宣洩或抒解。舉例而言，地震後倖存的受難者內心常被一團複雜的情緒堵住，包括悲傷、痛苦、憤怒、怨恨、無奈等，如果不先

關注和引導其情緒的抒解，很難讓他們朝著問題解決方向去思考和採取行動。

因此，諮商師仍應視案主的狀況和需要，適當地關注和處理他們的負面情緒，不僅能讓他們感到被尊重和接納，而且能靜心省思、產生積極改變的行動。

三、引發案主的自我覺察

自我覺察對案主的改變至為重要，因為自我覺察指的是一個人對自己的心理、行為表現是否有正確而理性的感覺和認知，從而更好地認識世界、適應社會和有效創造。案主透過不斷增加的自我覺察，去釋放自己的能量，明白自己選擇做什麼、如何做，最終能為自己的行為負責，以達到自主與成長（鍾思嘉，2008）。而焦點解決短期諮商模式雖然強調不低估案主能力，但幾乎未提過案主至關重要的自我覺察能力，甚至反對所謂洞察或領悟（insight）等說法，其理由是「知道為什麼並不能帶來解決方法」。然而，自我覺察是一個人全面發展的第一步，是任何成長的基本要素，因此，諮商師幫助案主決定和評估自己的改變，引發和拓展他們的自我覺察，應該是改變的先決因素。

四、提升案主改變動機

焦點解決短期諮商雖強調改變，但對案主害怕改變的心態卻很少提及。許多案主害怕改變，是因為改變不僅讓他們不能再依賴過去一些舊有的慣性行為和熟悉的資源，而且還要面對許多未來不確定的挑戰。因此，諮商師需要不斷地增進與案主的良好合作關係，同理和接納案主這種害怕改變的心理，幫助他們了解不確定也有其正面的意義，鼓勵其以

積極樂觀的態度把握當下可使用的資源。同時，諮商師還要和案主探討改變途中可能碰到的障礙和排除方法，並且不斷地強調改變後帶給案主的好處或利益，如心情穩定、精神愉悅、滿足成就、實現理想等，以及尋求案主周遭重要他人的支持，且樂意在案主改變過程中有任何進步或努力時給予鼓勵和支持等。

因此，諮商師在鼓勵一些案主改變前，可能要先接納、澄清他們對改變的疑慮，進而提升其改變動機，願意採取改變的行動。

五、初次晤談的彈性運用

焦點解決短期諮商強調初次晤談的公式化任務，使用者應遵照這標準流程進行晤談。然而，諮商師面對不同類型的案主和不同的案主需求，是否有必要或完全遵循這標準化的流程和步驟，實值得商榷。舉例而言，有人主張先用例外架構再用假設架構；反之，則有人習慣先以假設架構問句開始而不談例外架構；甚至有人認為奇蹟式問句和例外問句可以綜合並用。由此可見，這些不同的見解和做法都顯示焦點解決短期諮商模式並非一個公式化任務和標準流程。

此外，晤談時尋找案主改變目標也可能非立即可得，有可能在其與例外架構或假設架構之間來回多次探討方可確定。因此，焦點解決短期諮商公式化任務或流程圖只能是諮商師的參考工具，使用時不應墨守成規，宜彈性運用方為上策。

六、後續晤談的彈性運用

第二次之後的晤談時間較短，且有預設的改變問句（變好、一樣或變糟），致使不少案主表達自己變好。然而真是如此嗎？有一些學者批

評，在焦點解決短期諮商中一些案主的改變，可能是諮商師刻意引導下的結果，也可能是案主為了迎合或討好諮商師而呈現的假象。因此，諮商師應進一步引導案主詳細地敘述改變經過，如果發現他確實有這種改變的假象，無須指出和批評，只要從他的敘述中找出一些改變的跡象，即使它是很微小的改變，並鼓勵他持續改變。此外，有些案主在初次晤談時，也可能因對諮商情境的不熟悉、暴露自己隱私的顧忌或對諮商師不夠信任等原因，所說的可能是問題的細枝末節，而真正的問題並未呈現，也使得真正的改變無法發生。

此外，焦點解決短期諮商認為後續晤談一開始即直接和案主探討「事情變得怎麼樣」，而不要詢問案主做家庭作業的情形，這種方式雖然不會對一些案主造成壓力，但是如果家庭作業正是案主改變的重點，反而使晤談可能失去焦點。因此，對某些案主而言，諮商師在後續晤談之初詢問案主家庭作業的情形，是非常必要的前提。

七、主動角色的適度平衡

焦點解決短期諮商強調諮商師的積極性，有時讓人感覺似乎有強迫案主改變的傾向，這不僅使諮商師被批評擁有過高的權力，而且會因承擔太多責任而造成壓力。例如，諮商師如果急於解決問題，有可能把案主的問題攬到自己身上而變成自己的問題。不過，諮商師扮演主動的角色並不意謂著在諮商過程中要比案主用力，應該適時地、適當地讓案主對自己的改變出力、出更大的力。諮商師要時刻提醒自己：諮商師和案主都是專家，雙方都要盡力。因此，當案主沒有改變或進步很少時，諮商師應該省思自問：「我是否用太大力了？以致使案主變成無能了？」

八、重視案主的文化背景

　　時至今日，心理諮商更朝向多元文化發展，諮商師必須尊重和接納案主的種族、年齡、性別、居住地、教育水準、職業、生活習俗等。焦點解決短期諮商基本上屬於美國文化的產物，即使對一些非美國文化下成長的人都可能不適用。例如，相較於西方人，華人較不相信奇蹟，因此使用奇蹟式問句不如改為未來理想的假設；例如，有的文化教導人要謙虛以對，而有的文化則鼓勵人不妨誇大其詞，致使他們對積極改變的敘述也有差異；又如，年齡小的個案較少例外或成功經驗，可能較適合運用假設架構。

　　因此，幫助來自於不同文化背景的案主是諮商師必須學習的重要課題，唯有先放下自己的文化視框去尊重和接納案主的文化，然後從案主的敘述中去同理案主有著不同於自己的經驗，才能發現他們解決問題的有效資源和方法。

　　總而言之，在不違反焦點解決短期諮商的基本原則下，諮商師面對案主時，靈活運用和彈性調整自己的諮商策略和方法，才是符合焦點解決短期諮商強調的改變和創造的精神。

第三節　全人發展觀

　　傳統的諮商和治療學派對案主問題的層面各有其不同的側重，如精神分析注重心理動力的機制，人本主義治療關心情感的真實表達，認知學派強調信念的轉變，行為學派重視行為的改變。而焦點解決短期諮商

則認為，各學派所重視的不同層面實際上是息息相關且互相影響的，因為人是一個不可分的整體。例如，一個人的行為改變會帶動他認知和情感的改變；同樣地，他的認知改變也會帶動其行為和情感的改變。以此類推，情感的改變也會影響其他層面。

從案主問題的角度而言，吳英璋和鍾思嘉（1995）即強調諮商師應視案主為一個完整的個體，在諮商時不應忽略案主任何一個層面，因為它們互相關聯和影響，而且必須認識到案主的任何一個問題可能涉及多個層面，任何一個層面也可能產生多個問題。以下分別舉例說明這六個層面：

1. **行為**：行為是容易被觀察或測量的外在表現，如案主的失眠、酗酒、網路成癮、厭食等。當然，這些行為背後也含有認知和情感的因素，它們是彼此關聯的。

2. **認知**：認知包括想法、信念、價值觀等，例如案主的追求完美、自我中心、以偏蓋全、追求名利、好面子等看法。

3. **情感**：情感包括情緒、動機、需求等，例如案主的考試焦慮、社交場合恐懼、成就動機、工作動機、獨立自主需求、愛和被愛的需求等。

4. **態度**：態度是指人對某個社會事件或現象的反應，涵蓋認知、情感和行為三個層面的綜合，例如案主對同性戀、就業競爭、工作壓力、教育機會等態度。

5. **能力**：能力包括智力、人格特質、性向等，例如案主的智商、邏輯推理、親和力、樂觀性、社交技巧、藝術能力、文書能力等。

6. **心靈**：長久以來，心靈或靈性是被心理諮商和治療較為忽視的層面，它是對存在和力量的一種察覺，超越物質層面，賦予人們與

宇宙相連結的深厚整體感，例如案主的生命意義、失落、死亡焦慮、信仰等。

從諮商師幫助案主的角度而言，Littrell（1998）提出全人（whole person）的觀點，認為人的生命中可分為心理、身體、情緒、社會、心靈等層面，這些層面不僅能以具體和特定的人類活動呈現，而且彼此有交互作用；諮商師幫助案主聚焦在某個問題解決時，必須了解這問題涉及到他整個人，如果忽視任何一個層面，都可能造成生命中的問題或困擾。以下分別舉例說明：

1. **心理層面：**心理層面涵蓋的範圍很廣，包括了認知、情緒、動機、意識、知覺等。此處，主要是側重在認知方面。諮商師要協助案主用心去投入生活的探索、理解、計畫等，例如對自己興趣、性向和人格特質的探索、在壓力下思考新的解決方法、訂定生涯計畫等。當幫助案主尋找解決方法時，也需考慮下面談到的情緒和社會層面。

2. **身體層面：**主要是在身體力行上，因為許多案主對問題的解決止於思考，缺乏改變的行動。諮商師不能拘泥於策略或技術的限制，要鼓勵案主採取行動。只要對案主有幫助，可以積極地建議和指導他們採取改變行動，例如：如何尋找工作機會、學習放鬆活動、持續做運動等。

3. **情緒層面：**有時處理一些案主的情緒很困難，尤其是當他們被恐懼、焦慮的情緒所淹沒，情緒糾葛有如一團亂麻時。諮商師要幫助案主開放內心空間去覺察自己的情緒狀態，進而引導他們在自己能力可控制的情形下調整情緒，朝向有意義的問題解決方向前

進。

4. **社會層面：**人是社會性的動物，無時無刻不與周遭的人在生活和工作上交往和互動。在諮商的案例中，有不少案主的問題涉及人際的困擾或衝突，因此，諮商師要運用一些有效的方法幫助他們打破原先舊有無效的人際溝通型態，進而採取其他新的、建設性的人際溝通方法。

5. **心靈層面：**意義治療法的創始人弗蘭克爾（Frankl, 1959）專注在引導案主尋找和發現生命的意義，他認為「意義」一詞聽起來很抽象，但它經常具體地體現在生活目的或目標上。因此，諮商師可以幫助案主發現和運用其潛能和資源，在現實生活中以積極的態度找到自己存在的意義。

最後，需要再次提醒的是：焦點解決短期諮商雖然強調整體觀，但並非意謂著諮商師必須了解各層面的問題才能幫助案主解決問題，也不須將案主所有層面的問題都解決才視為成功的諮商。Littrell（1998）認為幫助案主解決問題，就像鎖只需要一把適合（fit）的鑰匙便能打開，因此開鎖的關鍵在於鑰匙而不在鎖。這使作者想起小時候聽過的一則寓言故事：從前，有一位國王找人打造了一把複雜難開的鎖，並且通告全國鎖匠，凡能打開這鎖進入寶庫內的人就可以得到一整箱珠寶。接連數天，許多的鎖匠被吸引而來，他們用盡各種方法都無法打開這鎖。最後，來了一個老鎖匠，看看鎖，看看門，然後推開門進入屋裡，因為門根本沒有上鎖。

參考文獻

● 中文部分

王志寰等（譯）（2004）。G. Corey, M. S. Corey, & P. Callanan 著。**諮商倫理**。台北市：桂冠圖書公司。

吳英璋、鍾思嘉（1995）。**青少年輔導與個案彙編**。台北市：行政院青年輔導委員會。

李淑珺（譯）（2009）。W. H. O'Hanlon & M. Weiner-Davis 著。**心理治療的新趨勢：解決導向療法**（In search of solution: A new direction in psychotherapy）。中國上海：華東師範大學出版社。

許維素等（1998）。**焦點解決短期心理諮商**。台北市：張老師文化公司。

楊鳳池（2007）。**諮商心理學**。中國北京：人民衛生出版社。

蔡翊楦、陳素惠、張曉佩、王昭琪、許維素（譯）（2006）。G. B. Sklare 著。**學校輔導中的焦點解決短期諮商**（Brief counseling that works: A solution-focused approach for school counselors and administrators）。台北市：心理出版社。

駱宏、洪芳、沈宣元（譯）（2011）。A. J. Macdonald 著。**焦點解決治療：理論、研究與實踐**（Solution-focused therapy: Theory, research, & practice）。中國寧波：寧波出版社。

鍾思嘉（2008）。**大學生的生涯諮商手冊**。台北市：心理出版社。

英文部分

Budman, S. H., & Gurman, A. S. (1988). *Theory and practice of brief therapy*. New York, NY: The Guilford Press.

de Shazer, S. (1985). *Keys to solution in brief therapy*. New York, NY: W. W. Norton.

de Shazer, S. (1988). *Clues: Investigating solutions in brief therapy*. New York, NY: W. W. Norton.

de Shazer, S., & Miller, G. (2000). Emotions in solution-focused therapy: A re-examination. *Family Process*, *39*(1), 5-23.

Frankl, V. E. (1959). *Man's search for meaning: A introduction to logotherapy*. New York, NY: Pocket Books.

Ivey, A. E. (1994). *International interviewing and counseling: Facilitating client development in a multicultural society* (3rd ed.). Pacific Grove, CA: Brooks/Cole.

Littrell, J. M. (1998). *Brief counseling in action*. New York, NY: W. W. Norton.

McMaster, M., & Grinder, J. (1980). *Precision: A new approach to communication*. Beverly Hill, CA: Precision Models.

Milner, J. (2001). *Women and social work: Narrative approaches*. Basingstoke: Palgrave/Macmillan.

Rossi, E. (1980). *The collected papers of Milton Erickson on hypnosis* (Vol. 4). New York, NY: Irvington.

Stair, V. (1972). *People making*. Palo Alto, CA: Science and Behavior Books.

Walter, J. L., & Peller, J. E. (1992). *Becoming solution-focused in brief counseling*. New York, NY: Brunner/Mazel.

附錄：初次晤談工作單

一、案主的需求、期望或抱怨

二、目標架構

　　主要目標：

　　次目標（或子目標）：

　　1.　　　　　　　　或　立即目標：

　　2.　　　　　　　　　　近程目標：

　　3.　　　　　　　　　　中程目標：

　　4.　　　　　　　　　　遠端目標：

三、假設架構

　　1. 目標（假設問題已解決或目標已達成）：

　　2. 可能的感覺是：

　　3. 可能做了什麼：

　　4. 表現出哪些個人能力：

　　5. 可能運用了哪些資源：

　　6. 還有什麼？（其他類似的經驗）：

四、例外架構（過去成功的經驗或過去問題不存在）：

例外一

1. 發生的時間：

2. 事情經過：

3. 成功的經驗（感受）：

4. 可引用在此時的能力和資源有：

例外二

1. 發生的時間：

2. 事情經過：

3. 成功的經驗（感受）：

4. 可引用在此時的能力和資源有：

例外三

1. 發生的時間：

2. 事情經過：

3. 成功的經驗（感受）：

4. 可引用在此時的能力和資源有：

五、提供訊息

1. 讚美（至少三個）

2. 銜接語（為了幫助改變……，建議或鼓勵……）

3. 任務（觀察、活動、練習或作業）

六、預期可能的障礙

七、如何排除預期的障礙

國家圖書館出版品預行編目（CIP）資料

焦點解決短期諮商應用手冊／鍾思嘉, 黃蕊著. --初版. --
臺北市：心理, 2013.11
面；　公分.--（焦點解決系列；22311）

ISBN 978-986-191-573-9（平裝）

1. 心理諮商　　2. 諮商技巧

178.4　　　　　　　　　　　　　　　　　102020954

焦點解決系列 22311

焦點解決短期諮商應用手冊

作　　　者：鍾思嘉、黃蕊
執行編輯：陳文玲
總　編　輯：林敬堯
發　行　人：洪有義
出　版　者：心理出版社股份有限公司
地　　　址：231 新北市新店區光明街 288 號 7 樓
電　　　話：(02) 29150566
傳　　　真：(02) 29152928
郵撥帳號：19293172 心理出版社股份有限公司
網　　　址：http://www.psy.com.tw
電子信箱：psychoco@ms15.hinet.net
駐美代表：Lisa Wu（lisawu99@optonline.net）
排　版　者：辰皓國際出版製作有限公司
印　刷　者：辰皓國際出版製作有限公司
初版一刷：2013 年 11 月
初版二刷：2016 年 2 月
I S B N：978-986-191-573-9
定　　　價：新台幣 180 元

■有著作權‧侵害必究■